MW

El (estúpido) príncipe azul

y otros mitos sobre el amor

Flor Aguilera y Alejandra Rodríguez

El (estúpido) príncipe azul
y otros mitos sobre el amor

Grijalbo

El (estúpido) príncipe azul y otros mitos sobre el amor

Primera edición: agosto, 2008

D. R. © 2008, Flor Aguilera García
D. R. © 2008, Alejandra Fernanda Rodríguez Calero

Ilustraciones de interiores: Camilo Esquivel

D. R. © 2008 derechos de edición mundiales en lengua castellana:
     Random House Mondadori, S. A. de C. V.
     Av. Homero No. 544, Col. Chapultepec Morales,
     Del. Miguel Hidalgo, C. P. 11570, México, D. F.

www.randomhousemondadori.com.mx

Comentarios sobre la edición y contenido de este libro a:
literaria@randomhousemondadori.com.mx

ISBN 978-970-810-511-8

Impreso en México / *Printed in Mexico*

Índice

Queridas lectoras

Estamos conscientes de que en la actualidad hay en el mercado muchas publicaciones destinadas a mujeres solteras, que hablan de reglas para conseguir marido y hacerse más atractivas.

Pero aquí no nos preocupamos demasiado por esos temas. De hecho, nos da un poco igual cómo las prefieren los hombres, o si hay ciertas tácticas para atrapar a un hombre casadero. Lo que nos interesa es comunicar que la soltería puede ser una etapa de goce, descubrimiento, autoconocimiento, y también de mucha diversión; asimismo que puede formar parte de una decisión de vida.

Si crees que no tienes vocación para casarte o para vivir con una pareja no te sientas extraña o "anormal". Simplemente acéptate como eres y sé congruente contigo. La soltería puede ser también, como para la mayoría, una feliz etapa de transición hasta que decidas dejarla atrás para estar con alguien a quien conoces bien y con quien deseas construir conjuntamente un nuevo proyecto de vida. Sólo así valdría la pena.

En ese sentido, este libro es una apología de la soltería porque, consideramos, es un estado ideal para una mujer moderna que desea hacer de su vida mucho más que esperar a que alguien la elija o la rescate, y agotando toda su energía en ser el objeto de deseo de los hombres casaderos.

Sobre todo, queremos que comprendas por qué no debes sentirte presionada, avergonzada, incompleta, triste, extraña o anormal si no tienes novio o no estás por casarte. Si experimentas plenitud y estás contenta no tienes que buscar o esperar impaciente a un hombre para que te salve o llene tus vacíos existenciales.

Queremos aclarar que aunque no somos psicólogas ni sociólogas, ni tampoco tenemos doctorados en relaciones humanas, afortunadamente hemos llegado a esta edad como mujeres solteras —mas no solitarias—, satisfechas con nuestras vidas, alegres y optimistas, y con muchas experiencias y aprendizajes que nos encantaría compartir con otras mujeres para ayudarlas a vivir su soltería de manera distinta.

Ahora sabemos que muchas ideas equivocadas sobre el amor nos han sido heredadas a través de la novela rosa, los medios de comunicación y el cine, las cuales tienen muy poco que ver con la realidad. Por eso creemos que es imprescindible, ahora más que nunca, comenzar a deshacernos de esos conceptos que han compuesto, desde antaño, el imaginario supuestamente femenino sobre el amor, y a la par logremos la autorrealización ya sea dentro o fuera del matrimonio.

Nos interesa además enviar un mensaje claro al género femenino: hay que renunciar a la competencia con otras mujeres por las atenciones de los hombres. Esto ayudará a entablar relaciones más sanas entre amigas y a solidarizarse con nuestras semejantes. Hay que olvidarse de los cuentos de hadas y enamorarse de la vida real, que es mucho más compleja y, por ende, divertida. Es una gran oportunidad para conocerte a profundidad y para realizar sin distracciones tus metas y tus sueños.

Sin embargo, este escrito no es un ataque a los hombres ni pretende desconocer su lugar en nuestras vidas. De hecho, los defendemos porque a algunos los estimamos y porque tenemos amigos que son personas sensacionales. Ésta es simplemente una publicación muy realista y optimista sobre mujeres solteras y felices, en la que te queremos alentar a que saques ese vestido de novia imaginario que cargas en la cajuela de tu coche desde hace muchos años para cambiarlo por el atuendo moderno de una chava liberada de prejuicios, muy segura de sí misma y a gusto con su singularidad.

La hemos estructurado en dos partes. La primera se enfoca en diversos mitos sobre el amor que han sobrevivido por distintas razones hasta la actualidad. Y la segunda reúne experiencias de muchas mujeres sobre cómo vivir la soltería felizmente y cómo ésta puede ser una decisión, más que una circunstancia, que podrás sobrellevar hasta que decidas su fin.

Esperamos que disfrutes la lectura, que te haga reflexionar y descubrir a través de tu singularidad toda la riqueza que posees. Deseamos que, además de hacerte pensar de manera distinta, te divierta y te haga reír por lo menos un poco.

Con afecto,
Alejandra y Flor

Primera parte
Deconstruyendo los mitos

Flor

I. Todo empezó con un cuento de hadas

La princesa hermosa, bondadosa y virtuosa cae bajo el hechizo de una maléfica bruja que envidia su juventud y belleza. En un sueño profundo, encerrada, paralizada, enmudecida... o en algún otro estado igual de temible, ella espera que un guapo príncipe la rescate de su terrible realidad. Mientras tanto, el heredero al trono de alguna lejana tierra escucha hablar de cuánto sufre esa linda, indefensa y vulnerable damisela. Así, decide montar su caballo blanco, atravesar montañas y ríos, luchar contra dragones que arrojan fuego de sus enormes fauces e ir a su rescate. Al llegar, un poco maltrecho —pero guapísimo— a la torre en la que ella se encuentra, se enamora a primera vista (más le vale a Cupido actuar rapidito), la besa tiernamente y la salva del hechizo eterno. La princesa despierta de la pesadilla, lo mira y se sabe en buenas manos. Ese guapo salvador es el que ella ha estado esperando desde niña, con el que siempre soñó: su alma gemela y su caballero andante. El príncipe y la princesa se casan y viven felices por siempre en un hermoso castillo, lejos de todo mal.

Así nos enseñaron de pequeñas que era el amor. La enamorada, una joven débil y hermosa, espera a un hombre fuerte que la rescate y llene su vida de felicidad. El hombre, valiente y guapo —aunque nunca nos dijeron que era más importante que fuera inteligente, bueno y simpaticón—, debe luchar de alguna forma por el amor y pedirle a la joven que se case con él, para que así puedan vivir feliz y legítimamente enamorados hasta el final de sus vidas.

A mi parecer, es desde la niñez, al leer estas historias, cuando empiezan las dificultades emocionales, los ideales falsos y los comportamientos impuestos contra los que trataremos de luchar a lo largo de nuestra vida adulta. Muchas deseamos ahora nunca haber leído o visto estas historias, tan lejanas de la realidad.

Los cuentos de hadas han sido, para la mayoría de nosotras, la primera educación sentimental. De niñas anhelamos ser las princesas del cuento porque todo lo que nos platican allí nos suena fabuloso. Aunque ahora las cosas han cambiado y las princesas son mucho más intrépidas y los príncipes menos guapos (por ejemplo, Shrek), la historia de amor perfecta se perpetúa y le seguimos llenando la cabeza a los niños de fantasías románticas dañinas. Eso es tan sólo el principio del bombardeo bajo el cual vivirán hombres y mujeres durante su existencia, con ideas y definiciones equívocas de las palabras "soltería", "amor" y "matrimonio", entre otras.

Lamentablemente, aun en este siglo en el que consideramos haber llegado a un grado máximo de evolución en muchos sentidos, y en el que vivimos con mejores y mayores posibilidades de entendimiento y de comunicación en un mundo globalizado, industrializado, libre y moderno (o posmoderno), la soltería todavía es vista como un estado desagradable del que una debe salir lo más pronto posible. El hechizo debe romperse a como dé lugar.

En la literatura, las revistas, las secciones de espectáculos y sociales de los periódicos, la tele y el cine, el tema que reina es el amor rosa y cómo conseguirlo. El matrimonio es no sólo una panacea, sino también la meta de toda relación amorosa, al igual que la única motivación de vida para muchas mujeres. Esto se debe en gran medida a las presiones sociales y a la idea errónea de que las solteras están de alguna forma incompletas, tristes, vulnerables e indefensas.

Desde muy chicas aprendemos a soñar con el día de nuestra boda: un evento mágico que transforma a todas en princesas. Rara vez a las chicas se les motiva a anhelar ser presidentas, premios Nobel, astronautas, grandes científicas o economistas, o simplemente personas felices, realizadas y, como dicen los franceses, *bien dans sa peau*, o sea, contentas de estar en su propia piel.

Mientras tanto, las solteras leemos en revistas femeninas, con modelos en las portadas que poco tienen que ver con el 99.9 por ciento de nosotras, de qué manera podemos ser más sensuales, mejores amantes, atraer más hombres y atraparlos para casarnos con ellos.

Los libros de autoayuda que componen la lista de los *best sellers* del momento nos hablan de cómo lograr casarnos para ser realmente felices, para ser por fin personas íntegras. Algunos dicen que los hombres aman a las mujeres dominantes; otros, que se debe regresar a la concepción femenina tradicional de la sumisión, la paciencia y la dulzura; unos más, que hay que seducir aprendiendo *striptease*; algunos otros, que debemos dejarnos conquistar sin actuar, que hay que promovernos, que no hay que hacer nada, que hay que seguir ciertas reglas, que hay que casarse con hombres estúpidos, etcétera.

Entre tanta información contradictoria es difícil saber cómo proceder o comportarse ante un hombre, ese ser mágico que existe para rescatarnos de la soltería, o sea, del hechizo maléfico, y que al unirnos con él en matrimonio nos transformará en seres felices y satisfechos, es decir, en princesas.

Asimismo, es difícil saber si debes ser tú misma, si enfocarte en ti acudiendo a clases de yoga con el doble propósito de ponerte en forma y también, casualmente, conocer allí a un hombre, o simplemente aceptarte, quererte y pasártela bien siempre, estés soltera, casada o divorciada.

Ante tan pocas buenas opciones en su vida cotidiana para encontrar a la pareja ideal, o por lo menos lo más cercano a ello, muchas mujeres modernas han optado por pedir ayuda de algún servicio, real o cibernético, que funciona como las antiguas casamenteras. El porqué te lo puede decir cualquier soltera: en la actualidad es realmente difícil encontrar a un hombre con el que una quiera pasar el resto de su vida y viceversa.

Como el matrimonio todavía se ve como la meta más importante y el logro mayor en la vida de una mujer, el hombre que más se parece al príncipe azul —exitoso, con dinero y ganas de casarse— es entonces el constante objeto de deseo de todas desde el momento en que llegamos a cierta edad. Entre muchos grupos de amigas en la universidad, y fuera de ella, la vida social se convierte en una competencia, una verdadera carrera para ver quién llega primero al altar.

Todo esto inhibe lo que debería ser el anhelo primordial de cualquiera de nosotras: mantener tu esencia, ser fiel a ti misma, aceptar plenamente tu singularidad y, sobre todo, disfrutar de quien eres y de cómo llevas tu vida como mujer y como individuo.

Los perfumes, las cremas anticelulitis, las modas impuestas, el maquillaje, los medicamentos para bajar de peso, los tintes de pelo, las cirugías plásticas, el bótox, los faciales, los masajes, la comida *light* diseñada para reducir tallas y los brasieres *push-up*, forman todos parte de una industria multimillonaria internacional que intenta vendernos una imagen falsa de lo que es o debe ser una mujer, para lograr nuestro objetivo último que es tener una pareja. Sin embargo, al analizar las motivaciones de estos productos veremos que en realidad persiguen la idea de que una mujer tiene que simular ser otra para atraer a un hombre y ser entonces ¡por fin! aceptada en la sociedad.

En la teoría literaria, una comedia siempre termina en boda. En la vida real, si una mujer no está al lado de un hombre o si no tiene pareja, seguramente será casi invisible en muchos sectores de la sociedad o su vida será considerada como una enorme tragedia. Para muchos, si no es madre o si no tiene la intención de serlo, su existencia de alguna manera no tendrá el sentido que debería. Entonces, será alguien que se comporta de forma antinatural.

Todas estas ideas, sumamente dañinas para el género femenino y también para los hombres, van en contra de nuestras libertades fundamentales y fueron concebidas hace mucho tiempo en sociedades regidas por valores muy distintos a los nuestros, como se aprecia en la mayoría de los cuentos, mitos y leyendas sobre el amor que han trascendido hasta nuestros días.

Empecemos entonces y ahora mismo con este precepto que a muchos sorprenderá: en la actualidad, la soltería poco tiene que ver con la forma generalizada de mirarla, o sea, como un factor decisivo en tu felicidad o infelicidad. Es tan sólo un estado civil más.

II. El príncipe azul

Un día, cuando yo tenía 18 años, mi tía nos llamó a su hija y a mí a su cuarto. Nos sentó frente a ella y nos dijo:

"Tú, Florecita, nunca sales con nadie porque estás esperando que llegue tu príncipe azul, mientras que tú, Matilda, siempre tienes novios distintos y confías en que alguno de esos sapos se convierta finalmente en el hombre de tus sueños. Voy a observarlas en el futuro para ver a quién de las dos le funciona mejor su estrategia."

Mi prima Matilda se casó a los 28 años con una persona que conocía muy bien. Se trata de un hombre muy bueno, inteligente y divertido, que la ha hecho muy feliz y viceversa, con quien lleva una relación extraordinaria de complicidad y entendimiento absoluto. Tienen dos hijitas hermosas y adorables a quienes están educando increíblemente bien. En cambio, yo tuve apenas dos noviecitos antes de casarme, con los que duré poco tiempo; fueron relaciones muy superficiales. El siguiente se convirtió en mi esposo a los pocos meses de conocerlo, cuando yo era aún demasiado joven para tomar una decisión de ese tamaño, y sobre todo, completamente inexperta y muy inmadura, pero eso sí, muy ilusionada con la idea del amor y el matrimonio. A los dos años casi exactamente de la boda, firmé mi divorcio.

Cuando pienso en esa otra yo que se casó sin cuestionarse jamás si lo que estaba haciendo era lo correcto, me sorprende la falta de discernimiento que tenía entre lo que eran meras fantasías románticas infantiles y la realidad de un matrimonio. Esto se debe en gran medida a que nadie me explicó nunca de qué se trataba casarse. Pasé muchos años después de mi divorcio indagando cómo la educación sentimental que recibí, basada en los cuentos de hadas, novelas de Jane Austen y películas románticas para *teenagers*, estaba plagada de falsedades que me hicieron tomar decisiones desastrosas.

De chica nunca pensé en un noviazgo como una relación de entrenamiento y experimentación. Tampoco vi a mis parejas como personas a las que habría de ir conociendo en muchas situaciones distintas, con las que podría simplemente pasármela bien y aprendería lo que era sostener una relación. Igualmente, no contemplé la posibilidad de que los noviazgos fueran experimentos o aprendizajes para el futuro y para poder tomar una buena decisión sobre qué era realmente importante y qué no en una pareja permanente.

Me creí absolutamente el cuento del príncipe azul. El verdadero amor debía ser sólo uno y ese hombre tenía que hacer un revuelo en mi vida. En los cuentos, las princesas sólo se enamoran de un hombre y es con el que se casan. Es un romance idílico, perfecto e inexistente.

¿Y cómo es tu príncipe azul?

Sin duda, toda mujer se lo imaginó en la infancia o en la adolescencia de manera distinta, pero con ciertas características parecidas al príncipe azul de los cuentos de hadas: guapo, varonil, intrépido, valiente y, principalmente, con muchas ganas de casarse.

De adolescente, una de las actividades favoritas en mi grupo de amigas era imaginar con quién terminaríamos casadas. Yo pensaba en requerimientos bastante sonsos, pero desde entonces sospechaba que era importante tener una lista de cualidades imprescindibles o no negociables. Recuerdo que al principio de éstas estaban que mi prospecto jugara tenis y que tuviera un perro grande. Justificaba esas virtudes al decir que si era tenista, era sano, y que si tenía un perro grande, seguramente sabría cuidar de mí y de mis hijitos. En mi inmadurez realmente no pensaba en aptitudes como un buen carácter, que fuera muy trabajador, cariñoso, optimista, sencillo, culto y generoso, que le gustara el cine como a mí, que fuera melómano, que le encantara leer y estuviera al tanto de los acontecimientos del mundo, que tuviera un buen sentido del humor. Esos atributos son los que pondría ahora en los primeros lugares de mi lista de cualidades no negociables.

Creo, sin embargo, que el concepto de príncipe azul va más allá de estos requisitos que todas pedimos o hemos deseado. Lleva implícito el hecho de que necesitamos ser rescatadas de algo para poder ser felices. Piensa bien si lo que buscas en un hombre es que sea un salvador o si lo que precisas es ser salvada. Si es así, antes de involucrarte en una relación sentimental mejor piensa cómo rescatarte de eso que sientes que te tiene aprisionada o insatisfecha con tu vida. Siempre hay alternativas. Tú las encontrarás, si te lo propones.

Este mito también habla de que toda mujer soltera debe estar en espera de que llegue alguien. ¿Y si no lo hicieras y empezaras realmente a vivir tu propia historia de manera proactiva? ¿Si dejaras de ser la extra de la película de los demás aguardando que llegue "tu momento" en la forma de un galán? ¿Y si evitaras sentirte la hermanastra que se pone el zapato que le queda chiquito, una y otra vez, con tal de casarte con cualquier tonto príncipe? ¿No sería más divertido convertirte en la protagonista, fuerte y feliz, que lucha por realizar sus sueños?

El príncipe de los cuentos es supuestamente perfecto, pero a mi gusto es bastante soso, aburrido y unidimensional. De él sólo sabemos que es muy apuesto, que se ve muy bien en mallas, que pelea bien contra los monstruos que se le interponen en el camino, que tiene un castillo en un lugar lejano y que sabe cabalgar. Seguramente también besa bien, o lo suficientemente bien para despertar dulcemente a la princesa sin babearla, y finalmente, que tiene muchas ganas de casarse y llevarte a vivir a su hermoso castillo. En ese sentido, yo me casé con uno y me fue fatal.

Las que siguen creyendo en los príncipes azules, ahora transformados en actores de tele y cine, cantantes de rock, empresarios ricos y apuestos o cualquier famoso, también por ende se deberían sentir princesas. Lamentablemente, las mujeres en el mundo actual sufrimos en general de baja autoestima por no cumplir con los cánones impuestos por la sociedad sobre cómo debe lucir una doncella.

Esto nos llena de frustraciones ya que las princesas actuales, o sea las que parecen *top models*, tienen muy poco que ver con quiénes somos, cómo nos vemos y cómo llevamos nuestras vidas poco glamorosas. La mayoría de las mujeres debe trabajar y las casadas además deberán sacar adelante una carrera y a sus hijos, y al mismo tiempo siempre lucir bien, estar de buen humor y tener ganas de hacer el amor.

Por otro lado, para los hombres cumplir con las exigencias de ser el príncipe azul, ése que las mujeres desean tanto, también está muy fuera del alcance de la gran mayoría. Este ser mitológico es, para muchas, la tierra prometida donde todo estará bien siempre. Es el galán de galanes, el hombre caballeroso y seductor, pero sobre todo una persona responsable, estable, confiable y sensible. El príncipe azul moderno se viste bien, lava los platos y también compone el coche. Escucha, entiende y apapacha. Paga las cuentas y al mismo tiempo tiene suficiente sensibilidad para jugar con una niñita a las muñecas o hacer voces chistosas mientras lee un cuento a los chicos antes de dormir. Es el hombre que baila en las fiestas, pero nunca se emborracha porque invariablemente es conductor responsable. Se lleva bien con su familia, pero no es un hijito de mami. Es brillante sin ser pesado. Sabe contar chistes, pero nunca trata de ser el centro de atención. Tiene dinero, pero no es un *show off* ni mucho menos es tacaño, por el contrario, siempre es extremadamente generoso.

¿Y dónde encuentro uno así?, te preguntarás. Pues lamento mucho decirte que ese tipo de persona sólo existe en tus fantasías.

De la misma forma en que a nosotras nos molesta tanto pensar que los hombres exigen que sus novias y esposas sean físicamente perfectas, como las modelos con las que fantasean, que seamos buenas amantes, comprensivas, cariñosas, de buen humor, tolerantes, que dejemos todo porque ellos deben ir primero, etc., ellos también tienen el derecho a ser imperfectos, a ser simplemente como son y que nosotras los queramos y aceptemos sin tantas exigencias ni expectativas. En muchas ocasiones, estas exigencias difíciles de satisfacer están fundamentadas en la fantasía o en los cuentos de hadas que leímos de niñas.

Con tantas ilusiones de un lado y de otro no es difícil entender por qué cada vez hay más divorcios —en nuestro país la cifra alcanza proporciones nunca antes vistas— y que en los hombres aumente el miedo a establecer una relación de compromiso.

Tal vez tu historia, como la de la mayoría de nosotras, está lejos de ser un cuento de hadas, pero con inteligencia y buen humor sí puede convertirse en una gran secuencia de aventuras sumamente divertida para ti y para quienes que te rodean. También es importante que entiendas por fin que el príncipe azul es una utopía, y si existiera seguramente sería una pesadilla vivir con tanta perfección superflua. Sin duda exigiría que nosotras fuéramos también princesas como en los cuentos de hadas. ¡Resultaría agotador tanto fingimiento! Afortunadamente todos somos unos perfectos plebeyos.

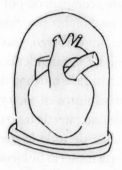

III. El amor a primera vista

Dijo el famoso autor y psicoanalista estoniano Ignace Lepp, que para entrar en una relación afectiva sana, el primer paso es saber distinguir entre el fogonazo y el amor.

Recuerdo bien que hace algunos años un amigo muy querido me habló por teléfono para decirme que había conocido al gran amor de su vida. Me pareció una declaración muy chistosa y a la vez peligrosa. Sin embargo, él estaba convencido de que a partir de ese encuentro su vida sería de absoluta felicidad y que nunca más estaría solo. Pasaría el resto de sus días al lado de esta preciosa persona que lo cautivó como nunca antes nadie. Después de conquistar a esa linda chica mi amigo no podía creer su suerte: estaba siempre acompañado por una hermosísima mujer. Él creía que todos los hombres lo volteaban a ver y lo envidiaban profundamente. Sin embargo, con el paso del tiempo la belleza de su novia dejó de sorprenderlo. Empezó a verla cada día más normal y a descubrirle muchos defectos. Era infantil y caprichosa, no compartían gustos en nada y carecía de sentido del humor, o más bien tenía uno muy distinto al suyo. Él me llamaba y se quejaba amargamente de todo lo que ella era en realidad. Hablaba como si en cierta forma lo hubiera engañado. Al invertir el proceso de enamoramiento y al proyectar en ella muchas cualidades que eran meras fantasías, la realidad se convirtió en algo intolerable. Si la hubiera conocido antes de declararse su enamorado eterno, y con mayor tranquilidad, tal vez no hubieran ni siquiera iniciado una relación. Al cabo de algunos meses la imagen de la mujer ideal y la ilusión de vivir el amor perfecto, como en una novela rosa, se habían desplomado. La relación concluyó y lamentablemente se separaron en muy malos términos.

Mi amigo confundió el fogonazo con el amor y esto lo llevó a pasar meses en un estado de frustración, decepción e incluso de depresión, tras haberse esfumado el espejismo. Él no quería a una mujer real, sino a una de ensueño.

Este mito es uno de los que causan más daño en la psique femenina porque está íntimamente ligado al concepto del amor ideal, mágico y, sobre todo, que baja del cielo.

El amor a primera vista es la creencia de que al poner los ojos por primera vez sobre quien ha sido elegido de forma divina para llenar nuestra vida, sentiremos algo inédito y sublime. Las metáforas más comunes son que "se abren los cielos", "cae un rayo de luz sobre esa persona" y "vemos estrellitas" eternamente. En general, esa sensación que se confunde tanto con el amor es una expresión hormonal de algo muy natural: el deseo y la atracción sexual. A menos de que seas un psíquico o tengas otros poderes sobrenaturales que te hagan ver el futuro, es imposible llamarle *amor* a lo que sentiste y mucho menos predecir que se trata de la persona con quien vivirás hasta el final de tu existencia.

Nadie es perfecto. Poner sobre el otro tantas expectativas, tantas ilusiones, tanta fantasía y tanto romanticismo es una forma de aniquilar la relación antes de que siquiera pueda comenzar.

El amor se construye con el tiempo por dos seres bastante imperfectos. En el caso del platónico, que es otro gran mito, es necesario decir que si la atracción no es recíproca, tampoco podría denominarse amor. Poner a otro en un pedestal sin recibir nada a cambio sólo te creará frustraciones y te condenará a vivir en la inmadurez emocional.

Este sentimiento tiene más que ver con la convivencia, el entendimiento mutuo y el construir algo juntos a través del tiempo, que con la mera imagen de una falsa perfección o divinidad y el cumplimiento de todas nuestras fantasías personificadas en un ser humano.

Tal vez suceda que después de conocer a ese alguien que tanto te atrajo en un principio, descubras que además te gusta su sentido del humor, que su carácter es muy compatible con el tuyo, que son afines a las mismas cosas, que disfrutan juntos las actividades, que ven el futuro de manera parecida y que tienen ritmos similares. Sin embargo, esta suerte de maravillosa coincidencia es lo menos común.

Con frecuencia ocurre que al ver a alguien que te atrae físicamente, comienzas a atribuirle todas las cualidades que te encantarían de un hombre, pero difícilmente coincidirán con quien es esa persona en realidad. Es como si en vez de mirarla, observaras un espejo compuesto por todos tus sueños.

A todos nos ha sucedido.

Amar a alguien es parte de una decisión fundamental en la vida. No es un asunto ambiguo ni un concepto abstracto. Ni es algo que te llega. Es una decisión que alguien toma acerca de establecer o no relaciones afectivas y físicas con otra persona. Esta resolución deberá estar basada en muchos elementos muy bien pensados: si coinciden en los mismos valores, si se divierten juntos, si es alguien en quien confías plenamente, si hablan el mismo idioma, si tienen intereses comunes, si ambos ven el futuro de manera similar, si se entienden sexualmente, etcétera.

Hay que hacer y hacerse múltiples preguntas al conocer a alguien; eso toma tiempo.

Toda relación comienza con ciertas intenciones y expectativas de ambas partes. En general, al iniciarla, es también común presentar lo mejor de uno. Y si empezáramos al revés, ¿qué sucedería?

Si dijeras: "Ésta soy yo, con mis carencias, defectos y pasado, pero también con mucho que ofrecer", ¿no sería una manera más honesta de proceder?

Y si los hombres actuaran de la misma forma, ¿no resultaría todo más claro y te permitiría tomar decisiones con la cabeza y el corazón enteros?

Al principio de una relación invariablemente se muestra lo mejor de uno, como si tratáramos de vendernos, de seducir con flores, cartas y veladas románticas, pero ¿por qué?, ¿no deberían éstas llegar más bien después, cuando ya hay amor y una verdadera apreciación del otro?

Lo que es tan complejo y misterioso en realidad podría ser más claro y sencillo.

Muchos hombres, considerados por las mujeres como los que toman la decisión final sobre si entrar o no en una relación seria, adoptan cierta mentalidad básica al conocer a alguien, que puede cambiar o no con el tiempo.

Algunos entablan una relación sin tener muy claro qué es lo que quieren o simplemente porque ven en una mujer la oportunidad de pasar bien el rato, ya sea porque no están listos para formalizar o porque ellas no cumplen con los requisitos óptimos. Su postura puede variar desde "a ver qué pasa" hasta claramente "esto es tan sólo un *affair*". Es muy fácil notar cuando un hombre toma esta actitud. Muchas veces, incluso si se lo preguntas, te lo dirá: "No quiero una novia en este momento", "no estoy listo para una relación seria", "no sé si deseo salir únicamente con una sola chava". Así sienten que se están protegiendo y que a la larga no te van a lastimar. Es mejor hablar claro para evitar después malentendidos. No es menos romántico, te lo aseguro, y sí te proporciona conocimiento para actuar en consecuencia. Si la respuesta a "¿qué es esto que tenemos?" es "aún no lo sé" también es válida, porque tú tampoco lo sabes bien a bien, aunque si continúas allí seguramente es porque quieres o esperas algo más. Si hablas claro y si pides que te hablen así, tienes la posibilidad de elegir si quieres lo mismo o no.

Otros hombres piensan, y a veces lo llegan a aceptar, de esta forma: "Empiezo una relación con esta chava, deseando que dure, pero si no funciona o si no se da fácilmente, me retiro". Viven un poco en el engaño porque ninguna relación es pura felicidad. Intervienen aspectos muy humanos como enfermedades, problemas económicos y cambios en el físico o en la forma de pensar. Muchos hombres funcionan así, bajo los lemas de "me puedo separar sin problema" y "aquí no pasó nada". Sólo recuerda que si te enamoras, al terminar siempre pasará algo dentro de ti.

Otros se rigen bajo el precepto de que "cada relación es importantísima" o "cada mujer es una esposa potencial". Piensan así porque se sienten listos para establecerse, después de haber vivido lo que tenían que vivir. En otros casos porque buscan una sustituta de mamá o porque poseen verdadera vocación de ser papás y esposos. La forma de pensar de estos últimos es: "Busco conocer a esta persona a fondo, y si funciona no pienso dejarla ir, así que me casaré o me uniré a ella con toda la intención de trabajar para que esta relación perdure".

Si analizas —aunque sea superficialmente— el principio de cada una de tus relaciones anteriores, te darás cuenta de que las actitudes e intenciones iniciales de tus ex parejas marcaron la pauta para irse desarrollando. ¿Estaba buscando construir algo o simplemente una experiencia más? ¿Tenía realmente interés en conocerte a profundidad? ¿Le gustabas mucho, pero no le caías tan bien? ¿O le caías muy bien, pero no había mucha química? ¿Desde un principio te advirtió que era una persona rara o inmadura, o que no estaba seguro de qué es lo quería en ese momento de su vida? ¿Sufría del síndrome del astronauta, o sea, de "necesito mi espacio"? ¿Se interesaba sinceramente en tu bienestar y en tu vida? ¿Era celoso al grado de hacerte sentir más como un objeto que como una persona? ¿Tenía actitudes agresivas o violentas contigo o con los demás? ¿Era un hombre sano en todos los aspectos? ¿Era una persona alegre o depresiva, egoísta o generosa contigo? ¿Se llevaba bien con su familia y la tuya? ¿Te dejaba ser o te limitaba? ¿Hablaba mal de sus ex parejas? ¿Se podían divertir y se reían juntos en la intimidad? ¿Se admiraban mutuamente? ¿La relación estaba basada únicamente en la atracción física? Con este análisis puedes descubrir las razones de su final.

Estamos en un momento muy importante en el que el individuo tiene la posibilidad, como nunca antes, de explorarse a sí mismo, de conocerse y conocer a los demás a través de una convivencia mucho más profunda. Antes de tomar una decisión sobre si quieres o no establecer algo con esa persona, espera a conocerla realmente.

Los psicólogos aconsejan a los enamorados terapias de pareja, aun cuando no existan problemas graves, con el fin de que se conozcan a fondo. Aunque esto pueda parecer un poco exagerado, sin duda es un ejercicio que permite conocer al otro en un espacio alternativo con niveles más profundos que los que se experimentan y se exploran en citas al cine o a cenar. No es para todos; sin embargo, para cierto tipo de personas puede funcionar muy bien, al igual que tomar cursos o meditar juntos, o simplemente hablar extensamente de lo que realmente piensas y sientes.

Conforme maduramos nos vamos convirtiendo en seres más complejos, y por ésta y por millones de razones más es casi imposible decir que hemos encontrado a la persona correcta a simple vista, o incluso con meses de noviazgo, de ir juntos a actividades sociales o hasta de compartir la cotidianidad.

No dudo que exista la posibilidad de una intuición atinada sobre alguien, ni tampoco que personas que se ven y se gusten se lleguen a enamorar y a amar absolutamente, al grado de compartir una vida entera a partir de ese momento, pero insisto: el amor implica decisión, trabajo y conocimiento profundo del otro y de uno mismo. El amor también requiere ir creando circunstancias que propicien que éste crezca y se desarrolle. Que se construyan mundos en conjunto o paralelamente.

La atracción física es una parte muy importante en la elección de una pareja, pero no es suficientemente duradera como para fundamentar una relación amorosa que tenga como fin la trascendencia en el tiempo. Cuando conoces a alguien que te gusta visualmente, eso es tan sólo el fogonazo, pero no es de ninguna manera algo más. El amor a primera vista es, entonces, otro gran mito conformado en realidad por una contradicción de conceptos y significados.

El amor se construye, por eso no puede ser impuesto sobre alguien a quien recientemente conociste. Es importante saber distinguir si esa persona será "para un día, por una razón, por una estación o para siempre".

IV. La media naranja

¿Será posible que no te sientas completa sin haber encontrado a la persona con la que compartirás tus días?

La idea de la media naranja es sumamente peligrosa y dañina. Implica que no estás del todo entera sino hasta el momento de tener pareja. Si esto fuera cierto, todos seríamos seres disfuncionales en muchas áreas de la vida, desde el momento de nacer hasta que hallamos a ese complemento que por fin nos hará personas íntegras.

El vacío existencial de los solteros es una enorme falacia, ya que todos nacimos para desarrollarnos como individuos y para cumplir con una misión específica. Para muchos, sin duda, ésta será construir una familia, pero para otros sin esa vocación o que aún no encuentran a la persona con quien desean permanecer, la vida está compuesta de diversas actividades enriquecedoras y satisfactorias que les ofrecen plenitud y felicidad.

Es otro camino muy distinto al de la misión individual encontrar o no a alguien que te complementa, pero que no te completa.

Un dicho muy conocido reza que hasta no estar feliz contigo misma, no podrás amar a otro en verdad. Este consejo te lo dirá cualquiera que se encuentre en una relación sana y feliz, como mi amiga Leti, quien pasó muchos años buscando a alguien que llenara lo que ella consideraba un vacío existencial y que atribuía al hecho de no tener pareja. Después descubrió que esa sensación provenía en realidad de una infancia muy difícil y, sobre todo, de no tener nada en su vida, fuera de su carrera, que realmente la mantuviera entretenida y contenta. Entró a una terapia y tomó cursos de todo lo que siempre se le había antojado aprender, incluyendo clases de *belly dancing* y de "aprende italiano cantando". Pero el cambio más notorio fue su actitud de aceptación y de un verdadero deseo de pasársela bien. Lucía contenta y estaba activa, distraída y sonriente. Entonces apareció en su trabajo un chavo muy simpático con quien empezó a salir como amiga y de quien se fue enamorando poco a poco. Es la primera relación en mucho tiempo que la satisface y que la llena de felicidad.

Sin embargo, la diferencia es que si su novio no existiera ni ningún otro hombre en su vida, ella estaría igualmente feliz, lo cual fue siempre su meta principal.

Hace algunos años salí con un grupo de amigas a una disco. Al llegar fui al baño, y cuando regresé, las encontré en pose de ligue: bebida en mano y reclinadas en la barra luciendo, según pensaban, muy *sexys*. Como nadie se acercaba a platicar con ellas, la estaban pasando fatal. Y como yo deseaba divertirme, y eso significaba hacerlo con mis amistades, decidí que algo debíamos idear para cambiar la dinámica. Si se requerían hombres para que ellas disfrutaran la noche, tendría que inventar una estrategia para llevárselos. Consideré que era un momento buenísimo para hacer un *casting*, así que me acerqué a varones de todas las edades y les comentaba que mis amigas y yo estábamos haciendo un videoclip para una banda llamada X, que pertenecíamos a una casa productora y que todas estábamos involucradas en el proyecto. Yo los llevaba con ellas y les pedíamos que bailaran de manera *sexy*. Todos accedieron. Una de mis amigas, que era "la de vestuario", les tomaba las medidas y luego les pedíamos sus números telefónicos para llamarlos en caso de ser elegidos para un *call back*. Ellos bailaban y nos platicaban diversas cosas. Se divirtieron y nosotras más. Fue una noche genial, pero la lección no se me podía olvidar. Muchas mujeres creen que sin la presencia o atención de los hombres en una situación social no se la pueden pasar bien.

El sentimiento de que sola no eres nadie lleva a varias a la desesperación. Empiezan a actuar de manera francamente extraña. Algunas, incluso, les roban los novios o esposos a sus amigas con tal de sentir que sí valen algo. Es muy triste vivir así, además de que se crean relaciones insanas, desleales y poco solidarias entre nosotras.

Además, la desesperación por llenar tu vida a través de las atenciones masculinas se nota a la legua. Es como si emitieras una señal radiofónica que tiene un solo mensaje: "Necesito desesperadamente que alguien me haga caso, porque si no, seré muy infeliz". Muchos hombres me han dicho que no hay nada menos atractivo que eso, así que si tu gran deseo en la vida es conseguir pareja, más te vale divertirte en el proceso y no desesperarte.

En otro sentido, debes entender que nadie va a llegar a salvarte, a quien eres en realidad con todo tu bagaje emocional, ni a transformarte en alguien más sano y borrar tu pasado con su presencia. Ninguno aparecerá para cubrir tus carencias. Si es así como ves una relación, todas las que tengas estarán plagadas de sufrimiento y de múltiples expectativas incumplidas.

En el aspecto sexual, sin duda se necesitan dos para bailar el tango, y sin embargo, también allí es importante descubrir el placer de darle cariño a tu cuerpo a través de un buen trato y cuidados especiales.

Asimismo, es importante aprender a experimentar el placer sexual por uno mismo. Primero deberás explorar tu cuerpo, lo cual no es ni un pecado ni una perversión. Es esencial conocer qué te hace sentir placer para después poder practicarlo entre dos. Se cuenta con muchísima literatura, no pornográfica, por cierto, sobre este arte. Debes saber que en los momentos en los que una no tiene pareja, esta opción existe siempre. En tus ratos íntimos, en la privacidad de tu recámara, no temas experimentar. Hay fantasías que no tiene nada de malo desarrollar. Incluso hay juguetes muy simpáticos, aunque no son para todas las mujeres. Entre mejor te conozcas y sepas qué es lo que te prende, más placer obtendrás estando sola o en pareja.

El bienestar empieza al saberte plena, estés donde estés, sola o acompañada, al hacer lo que te llena y buscar siempre estar mejor, aprender cosas nuevas, gozar las actividades que eliges, rodearte de amigas solidarias y encontrar tu vocación o tu misión.

¿Y cómo se logra?

A través del autoconocimiento y mediante el ensayo y el error. Muchas veces, al probar diversas opciones y fallar, descubres qué es lo que más te gusta y disfrutas, y qué no. Obsérvate y pregúntate todos los días si estás donde debes estar. La meta individual es algo que pocos tenemos muy claro. Tal vez la tuya es algo que sólo intuyes. No temas comprobarlo.

Durante muchos años yo creí absolutamente que mi vocación era casarme y tener hijos. La vida me puso a prueba posteriormente confirmé lo que vislumbraba desde niña: mi verdadera misión estaba en la comunicación. Estudié y trabajé en dos ámbitos muy distintos, pero ninguno me satisfizo. Cuando murió mi madre, lo cual fue un golpe muy duro pero también un momento de mucha claridad, decidí que debía aprovechar el tiempo que tenía en esta tierra y acercarme a una profesión que siempre me pareció de ensueño, algo casi imposible: ser escritora. No ha sido fácil; debí empezar de cero. También allí fue probar y equivocarme. Entré a una escuela de autores, me puse a escribir sobre lo que más me interesaba y a narrar las cosas que quería contar. Ahora, afortunadamente, he logrado vivir de eso, haciendo aquí y allá críticas de cine, comerciales, novelas y poesía. Es tal vez una de las actividades más difíciles, pero nunca consideré desistir porque anhelaba sobre todo sentirme feliz en mis tareas cotidianas.

Aunque parece un lugar común o una frase hecha para libros de autoayuda, la siguiente es una de las pocas verdades absolutas: "No hay limitaciones más allá de las mentales". Seguramente a tu alrededor verás mujeres que han logrado mucho con nada más que una ilusión y ganas de esforzarse.

Para alcanzar esto, la presencia de un hombre en tu vida no es sólo prescindible, sino que tampoco es en lo más mínimo necesaria.

También deberás saber que es posible, incluso necesario, reinventarte a cada rato con el fin de crecer. Estamos, al igual que el universo, en constante transformación. Por eso es trascendental conocer bien tu esencia y saber que, aunque las circunstancias puedan transformarse, siempre estarás allí, con tus valores, cualidades y talentos.

Tú eres un ser pleno e íntegro. Así naciste y así permanecerás hasta el final. En la soltería o en pareja. No tengas miedo a estar sola. Tal vez así descubrirás por fin que tú eres la naranja completa.

v. El alma gemela

Si lo analizamos un poco, el hecho de buscar una pareja para encontrar al alma gemela es un concepto extraño e incluso un poco —o mucho muy— narcisista. Tu alma gemela, en los términos que se han propuesto siempre, se trata de alguien que es idéntico a ti. Si esto fuera cierto, ¿el vivir y compartir tu cotidianidad con alguien así, no daría para una vida bastante aburrida?, ¿no sería mejor entonces permanecer sola?

Si entablar una relación amorosa con alguien significa crecer, aprender y desarrollarte como persona, ¿estar con alguien igual a ti no implicaría tan sólo estar mirando a un espejo, adorando tu forma de ser, de actuar y de pensar?

Tengo una conocida que se casó con un hombre que en cuestión de carácter, gustos y forma general de ver el mundo se parece muchísimo a ella. Siempre están de acuerdo en todo. Si les preguntas qué opinaron de tal película, de una experiencia que vivieron juntos, de una cuestión política o de algún acontecimiento mundial, ambos te dirán exactamente lo mismo. Incluso físicamente son tan similares, que a primera vista podrían parecer gemelos, o por lo menos hermanos. Siempre se me hizo un poco extraño que dos personas tan afines se juntaran. Yo me moriría del aburrimiento. Sería como vivir con un clon mío. No habría sorpresas ni retos ni ricos debates ni algún tipo de aprendizaje.

Considero que el alma gemela, en un sentido moderno y más interesante, sería alguien que tuviera la misma vocación que tú en cuanto a la pareja y los valores, que te complemente y te haga sentir muy bien contigo misma cuando estás con él. Es un hombre con el que tienes buena química sexual, ritmos y necesidades parecidas, con el que te diviertes y te ríes. Sin duda, es una persona que comparte tus gustos e intereses, pero también, afortunadamente, muchos en los que no coinciden. Sería alguien del que además puedes aprender bastante. Tal vez él se dedica a algo completamente distinto a lo tuyo y eso es positivo mientras entienda bien las exigencias de tu trabajo y las formas que has elegido de llevar tu cotidianidad.

Es importantísimo que desechemos la idea del alma gemela en su concepción original. Puede que a lo largo de tu vida encuentres personas con las que logres esa conexión física y espiritual tan importante y rara. Puede que sólo la descubras una vez. Sea como sea, la relación no perdurará a menos de que en lo esencial, en los valores e intereses, y muchas veces en cuestiones que tienen más que ver con la educación, estén de acuerdo.

Es imprescindible repetirlo: si no se trabaja en una relación, difícilmente perdurará, y para que logres también reconocer si existe esa conexión, se requiere de tiempo, de mucha convivencia y de conocer al otro lo más profundamente posible y bajo circunstancias distintas. Sólo así sabrás reconocer que en la vida cotidiana, en la que debemos enfrentar todo tipo de problemas, esa persona reaccionará como tú lo necesitas.

También me parece fundamental entender que estar en pareja no es para sentirte cómodo. Se trata de hallarte con alguien que te rete a cambiar para mejorar.

Las parejas que se establecen en rutinas cómodas pierden mucho, y aunque ellos tal vez se sientan tranquilos, es difícil pensar que así permanecerán para siempre, sin aburrirse, sin causarse hastío mutuo o sin que uno o el otro deseen moverse un poco de ese lugar.

Una de las frases preferidas de algunas mujeres que conozco es la que pronuncia el personaje de Jack Nicholson en *Mejor im-*

posible, a manera de declaración de amor absoluta: "You make me want to be a better man" ("me haces querer ser un mejor hombre"). Esta idea implica que al estar en pareja se desea crecer, desarrollarse, sacar lo mejor de uno mismo por el propio bien, el de la pareja y el de los hijos.

Hace algunos días me habló mi amiga Lola, una chava más joven que yo, a la que admiro y quiero por su inteligencia, por su talento como pensadora y escritora, y sobre todo, por su eterno buen humor. Me contó el desenlace de una historia que para ella ha sido motivo de mucho sufrimiento, de angustia y, también, de crecimiento desde una temprana edad. Su gran historia de amor me parece digna de relatarse aquí.

Lola tenía 16 años cuando conoció a Francisco. Él estaba ya en sus tardíos treintas y tenía una columna en una revista de música alternativa que ella compraba cada mes y que leía regularmente. A través del *mail* que él ponía, ella le empezó a escribir y comenzaron primero con una gran correspondencia, luego a llamarse por teléfono y finalmente a hacerse muy amigos y contarse diversas cosas personales. Un día Francisco le propuso que se conocieran y a partir de ese momento inició una relación amorosa que consistía un poco en que él fuera su maestro y ella la atenta y agradecida alumna. Él solía decirle que eran almas gemelas y que al conocerla había descubierto que su misión en la vida era enseñarle todo lo que sabía para que se entendieran aún más. Ella, que era una chica curiosa, ávida de información y experiencia, escuchaba sus discursos y tomaba nota de todo lo que le mostraba. Leía los libros que le daba, veía las películas de las que hablaba, se vestía como él consideraba que debía hacerlo una mujer atractiva, e incluso estudió la carrera que él le aconsejó. Pasaron los años y la relación seguía, pero con algunos cambios. Empezaron a viajar juntos a los lugares que él le quería enseñar, e iniciaron también una relación sexual. Para ella era el único hombre que existía y nadie más. Era, en efecto, su alma gemela y su gurú. Lamentablemente, en vez de responsabilizarse por los sentimientos de una chica tan joven y tan impresionable, él estableció un precepto desde el principio, la regla de oro, aun a sabiendas de que era imposible que se cumpliera: ella no podía enamorarse de él. Este hombre, francamente enfermo y narcisista, buscaba formar a una mujer a su gusto, pero sin responsabilizarse de haberla involucrado en una relación tan intensa y dependiente. Transcurrió más tiempo y empezó a salir con otra persona porque el vínculo con Lola era "de otra índole", "más profundo y espiritual", y él buscaba algo más mundano para establecerse en pareja. Además, era una relación que él no podía asumir frente a otros. Ella, a pesar de su edad y su falta de experiencia, decidió terminar con Francisco para siempre. Sufrió muchísimo y lo extrañaba terriblemente, pero entendió que no podía aceptar ser la otra de la historia y que en realidad él nunca la había querido. Lola tiene ahora 23 años, estudia una maestría y al mismo tiempo trabaja. Su vida es plena, aunque lleva años en terapia intentando superar esa relación abusiva que sostuvo con un hombre mayor tan sádico.

La experiencia de mi amiga es tal vez un episodio que se repite una y otra vez de diversas formas cuando las mujeres se involucran con hombres absolutamente narcisistas, ególatras y egocéntricos que viven en las nubes respecto de los sentimientos de los demás. Este tipo de personas hiere profundamente a otros en su afán de encontrar un alma gemela, un ser que se les parezca o al que ellos hagan a su imagen y semejanza. En estos casos, la relación siempre terminará con alguien lastimado. Es involucrarse sin una verdadera aceptación de las diferencias con los demás como algo sano y positivo para uno. Es no considerar los sentimientos de los otros ni las formas de ser como igual de válidos que los propios.

Francisco confunde el concepto del alma gemela con el de encontrar a alguien que satisface su ego.

Yo confieso que también intenté transformar a alguien para que se pareciera más al tipo de novio que deseaba. He estado del otro lado de la moneda con novios que me han querido vestir, e incluso peinar, para poder encajar con su ideal de novia, que en realidad era parecerse más a ellos, a su estilo, a su forma de ser y de ver el mundo.

Hay que cuidarse de no pensar que nuestro papel al iniciar una relación es hacer que esa persona se parezca más a nosotros. Mejor encuentra a alguien que te guste tal como es. Mejor aún, gústate y cáete bien tal como eres.

Tu alma no se parece a la de nadie más. Tu singularidad debe ser algo que te haga sentir muy atractiva y segura de ti misma. Si una persona te dice entonces que eres su alma gemela, seguramente es alguien en quien no te debes fiar. Significa que quiere mimetizarte o encapsularte. La búsqueda de este ser tan compatible es puro narcisismo. Tu pareja no debe ser igual a ti en lo superficial, porque si fuera así, entonces descubrirás que en muy poco tiempo estarás aburrida a su lado y sin la posibilidad de aprender cosas nuevas ni de enfrentarte a situaciones inesperadas, sin retos. El alma gemela debe ser comprendida de otra forma, como alguien con quien compartes valores pero del que aprendes, con quien descubres muchas cosas y a la vez te ayuda a descubrirte en esas nuevas situaciones.

VI. El matrimonio como apoteosis del amor

De acuerdo con un estudio de la UNESCO sobre las formas en que las personas se establecen en pareja y en familia, una de las que ha perdido más fuerza en el mundo occidental, y con mayor rapidez, es el matrimonio tradicional. O sea, una pareja que tras un periodo de noviazgo decide casarse ante la ley o ante su comunidad religiosa, sea cual sea, para unir sus vidas y formar un hogar.

Ahora mucha gente busca otras maneras de establecer relaciones, tal vez ante el creciente índice de divorcios o como rebeldía contra las concepciones tradicionales de lo que es y lo que significa vivir en pareja. Quizá se deba simplemente a que su forma de ser, vocación o inclinación sexual no encajan en ellas.

Algunas de estas formas nuevas son:

Together but apart: Se refiere a las parejas, casadas o en una relación estable y de larga duración, que deciden tener cada cual su respectiva casa. Cada uno es responsable de la economía de su hogar, pero mantienen relaciones afectivas y sexuales, además de la fidelidad.

Open marriage: Son parejas en las que ambos viven juntos e incluso tienen hijos y aparentan un matrimonio monógamo tradicional, pero que han llegado a acuerdos sobre la posibilidad de sostener relaciones sexuales con otras personas con el fin de no "engañar" y de permanecer unidos más tiempo. Esto obedece al precepto de que nadie puede ser fiel durante un periodo demasiado prolongado.

Double income no kids (dinks): Éstas son personas casadas por la ley o viviendo juntas, que trabajan y que además han decidido no tener hijos por distintas razones. Muchas veces la idea es no cambiar la dinámica de la pareja, que está muy a gusto como está, con la posibilidad de una mejor economía familiar, viajar, salir frecuentemente y conservar la libertad que tenían de novios.

Single but not alone: Se trata de personas que conservan su soltería, pero que llevan tiempo con una misma pareja.

O sea, un noviazgo eterno. También se refiere a solteros y solteras sin vocación para el matrimonio o que no creen en esa institución y que mantienen relaciones de corta o larga duración con otras personas una tras otra. Se presentan tal cual y aceptan no querer casarse pero desean tener pareja. En general tampoco anhelan ser padres.

Celibate: Aquí las personas han optado por una vida en celibato por distintas razones. No es el caso de los religiosos, sino de individuos laicos que deciden no tener sexo. Algunos hombres y mujeres toman esta ruta porque no encuentran una pareja estable, y no desean relaciones afectivas y sexuales pasajeras porque lo ven como algo que los desgasta física y emocionalmente. Otros eligen el celibato porque tienen algún tipo de enfermedad psiquiátrica, desviaciones como la pedofilia o adicciones al sexo, las drogas o el alcohol, las cuales están tratando con medicamentos o terapia. Por esto han decidido no entablar intimidad con ninguna persona ya sea del sexo opuesto o del mismo, según sus preferencias. Otros porque no tienen, por naturaleza, ningún deseo sexual. Ellos y ellas se autodenominan asexuales. En muchos casos, como en el de las personas enfermas, significa también que tienen una conciencia sobre cómo pueden dañarse a sí mismos y a los demás, y desean evitarlo sacrificando en algunos casos un deseo intenso.

Two moms y two dads: Éstas son parejas, por lo general divorciadas, que ahora entablan relaciones comprometidas con personas de su mismo sexo, y que tienen a su cargo la custodia compartida o total de los hijos que procrearon en sus anteriores matrimonios, o que han decidido tener hijos o adoptarlos. Muchos niños crecen actualmente con dos padres o dos madres.

No es mi intención aquí emitir juicios sobre los estilos de vida ni sobre las decisiones de estas miles de personas que han optado por formas alternativas de sostener relaciones o de no sostenerlas. Simplemente deseo explicar que ahora tienes distintas posibilidades que son cada vez mejor aceptadas por la sociedad, aunque en cierta medida por ciertos grupos más liberales. Lo que sí es absolutamente cierto es que hay una mayor libertad que antes, la cual debes aprovechar para llevar tu vida de acuerdo con tus necesidades, tu forma de ser y de vivir tu sexualidad.

A pesar de esto, sería difícil predecir que la institución del matrimonio, en su concepción tradicional, esté cerca de morir. Sin duda va en decadencia, pero es un modelo que por muchas razones sobrevivirá. A mi gusto, es una relación positiva en función de los derechos legales de las mujeres y los hijos. Sobre todo, es la forma que elige el mayor número de personas en nuestro país para establecerse en una misma vivienda y formar una familia.

En México, como regla casi general para quienes se autode-nominan "gente decente" y también por razones prácticas, el matrimonio es visto como el paso natural para una pareja tras un tiempo de noviazgo razonable. Por el lado negativo también es considerado por muchos —yo los llamaría ingenuos o por lo menos idealistas— como un estado sanador, que cambia a las personas y que las mejora. Muchas mujeres infelices, golpeadas, con parejas alcohólicas o con otro tipo de comportamiento enfermo, dicen haber estado convencidas de que al momento de casarse todo cambiaría para bien. "Yo creía realmente que lo único que él necesitaba era mucho amor y una compañera permanente que le diera seguridad"; "seguía allí porque no tenía otra opción"; "me casé sin pensarlo mucho porque eso era lo que se esperaba de mí". Ésas son frases que se escuchan una y otra vez en casos de mujeres sumamente infelices y en relaciones de abuso o codependencia. Para las que no estén enteradas aún, existe una figura legal en la mayoría de los países que se llama divorcio. También existen opciones y una puerta de salida a cualquier situación que te esté haciendo infeliz o que te sea dañina. Eso sí, se requiere valor para responsabilizarte de tu propia vida y sobre todo de muchas ganas de ser feliz y de dejar ser víctima de alguien.

El matrimonio ha sido visto en la literatura, a partir del siglo XVII, como la apoteosis del amor. La boda es la mayor expresión de amor y el clímax para una pareja de enamorados. No obstante, si lo analizamos un poco con el pensamiento racional y no de manera emocional ni con ideas socialmente impuestas, el matrimonio es simplemente una negociación entre dos personas para establecer ante la sociedad, y sobre todo ante amigos y familiares, que han decidido estar y vivir juntos, y compartir el dinero de ambos o de uno. De igual modo, determina la forma en la que pueden protegerse en caso de una ruptura, así como el cuidado y la custodia posterior de los hijos.

El matrimonio es, sin duda, legal y moralmente, una opción certera para muchísimas personas y aun así debería tomarse en cuenta que muchos no tienen vocación para vivir y convivir de esta forma aun con alguien a quien aman.

Las personas sin inclinación por el matrimonio o para ser padres no deberían casarse, por más que sus familias, sus novios o novias o la sociedad los presione por ser "el camino de, y hacia la normalidad".

Por otro lado tengo amigas que nacieron, literalmente, con el deseo de ser esposas y madres, y que sin embargo, por circunstancias de la vida, esto no se ha dado de la manera en que lo pensaron. Han caído en terribles depresiones, viéndose a sí mismas como seres fracasados, ya que no han sabido cumplir de alguna manera con esta misión. Las malas elecciones tienen mucho que ver con esto, pero también influye el hecho de que la vida no se puede trazar y uno siempre debe contar con un plan de contingencia. Por eso es tan importante que las mujeres se desarrollen plenamente antes de tomar la decisión de casarse y de dedicarse únicamente al hogar. El plan de contingencia implica saber en todo momento que, pase lo que pase dentro de la relación amorosa, ellas estarán bien siempre y no buscarán aferrarse a ésta con tal de sentir que se siguen realizando en el papel que han elegido. Hay que saber reinventarse y reinventar a la pareja. La vida está llena de sorpresas y uno no puede depender absolutamente de otra persona para su supervivencia, su sustento económico o su felicidad.

Tampoco se puede decir que el matrimonio es lo que era en la época de nuestros abuelos o bisabuelos por varias razones. Para empezar, porque el promedio de vida era menor. Los matrimonios duraban eternamente porque la gente vivía menos tiempo. También porque la idea, inculcada por la Iglesia, era que una pareja debía permanecer unida pasara lo que pasara. Muchos matrimonios que nosotros admiramos tanto no eran necesariamente buenos, sino que permanecían juntos porque eso se esperaba de la gente "decente". Creían absolutamente lo que el sacerdote les dijo el día de su boda: lo que Dios ha unido ningún hombre podrá separar. En mi muy humilde opinión, un ser tan amoroso y generoso no desearía jamás que alguien fuera infeliz eternamente, sino todo lo contrario.

Busca tu camino, y si en éste se encuentra una boda de ensueño y un marido fabuloso, es una bendición que deberás agradecer y cuidar con todo tu ser para que perdure el mayor tiempo posible.

Reflexiona si tienes o no la vocación para el matrimonio en su definición tradicional, lo cual implica también vocación para la maternidad. Si consideras que no es así, no te angusties ni te sientas extraña, pues actualmente hay una enorme libertad para escoger tu propio camino. Conócete bien, defiende tus decisiones sin sentir que tienes que justificarlas ante nadie, sé congruente con tu forma de ser, con la vocación que tienes ya sea de soltera feliz en etapa de transición o de soltera permanente y ten la convicción de que no sólo estás actuando en tu beneficio, sino en el de muchos otros.

VII. El amor lo cura todo
o *all you need is love...*

Este concepto es bastante parecido a otros antes mencionados, pero para muchas mujeres va mucho más allá porque habla de un amor todopoderoso. Hay solteras que mantienen la ilusión de que "si tan sólo" hubiera un hombre en su vida, las cosas serían muy distintas y mejores. Tal vez se sentirían menos solitarias y aburridas o tal vez su autoestima mejoraría; tal vez sentirían que su vida tiene un sentido o se esforzarían más y harían cosas que, estando solas, no se atreven a hacer; tal vez y tal vez.

Estar en pareja es algo que debe hacer tu vida más placentera y que te otorgue la posibilidad de dar —al hacerlo uno siempre crece y se llena de satisfacciones—, pero de ninguna manera se podría decir que el amor lo soluciona todo, que cubre todas tus carencias, tus faltas e incluso tus enfermedades del alma y físicas, presentes y pasadas.

Todas éstas van contigo siempre y es tu deber como ser humano buscar la manera de sanarte y de encontrar las respuestas a tus preguntas fundamentales, lo cual se logra a través del trabajo contigo misma. Es imprescindible que estés bien antes de entrar en una relación de pareja.

Los conflictos emocionales tienden, en general, a venir de muy atrás, a tener raíces muy profundas. No se puede pensar que se curarán milagrosamente a través de una relación. Recuerda que la pareja es eso precisamente, alguien que te acompaña, que camina a tu lado, pero que no está allí para cargarte, para que ya no camines ni te tropieces. Un amante no es una esponja sentimental. No es alguien que llega para absorber todos tus problemas, defectos, carencias y necesidades afectivas. Está allí para compartir momentos, para construir contigo un futuro y para hacerte aún más feliz de lo que ya eres.

Es un error garrafal pensar en establecer una relación sana cuando uno no lo está.

Regresando a la idea anterior de que el hombre sí puede funcionar como un complemento en tu vida, alguien alguna vez me dijo que la vida de una persona puede ser vista como un pay. Imagina el que más te apetezca. Puede ser de manzana, de nuez, de cereza o de cualquier otro ingrediente. Es posible cortarlo de muchas maneras. Puedes llevarlo enterito a tu trabajo, lo cual convertiría tu vida de *trabajólica* en algo muy pesado y poco espiritual. Puedes entregarlo absolutamente al placer, lo cual haría de tu vida algo sin mucho sentido y sin crecimiento. Puedes entregarlo absolutamente a tu sentido de espiritualidad o a una creencia, religión, ideología política u organización de beneficencia. Sin embargo, al igual que las otras formas de entrega, someterte absolutamente a una ideología o activismo político o social sería un grave error, ya que estarías ignorando aspectos fundamentales de tu ser. Serías un pésimo ejemplo a seguir porque perderías gran parte de tu humanidad al convertirte en una autómata que sólo escupe ideas de alguien más, o por ser demasiado rígida y fundamentalista. Puedes entregárselo absolutamente, enterito, al amor, pero de igual forma estarías ofreciendo un pay sin mucho sabor, porque al poco tiempo te quedarías vacía de todos tus ingredientes esenciales.

Es imprescindible que cada parte de ti esté en equilibrio. Es una labor que requerirá de mucho esfuerzo y madurez.

¿Y cuáles son estos ámbitos?

- Tu vida afectiva, que abarca tu vida familiar: hermanos, padres, pareja, hijos y amigos.
- Tu vida espiritual.
- Tu vida profesional.

- Tus intereses y pasiones, como la música, el cine, los deportes, etcétera.
- Tu persona: hacer ejercicio, cuidar tu apariencia y sobre todo tu salud, cultivar tu intelecto.

Entre nosotros hay personas a las que nos referiremos aquí como monógamos seriales. Estos individuos, que abundan, pasan de una relación a otra sin reflexionar siquiera sobre qué sucedió, qué aprendizaje derivó de una relación tan próxima con otro ser humano y qué hacer para evitar cometer los mismos errores.

Conozco mujeres que se quejan constantemente de conocer y relacionarse siempre con "el mismo tipo de hombre". Lo dicen como si fuera un destino impuesto. Cada una tiene su categoría de relaciones en repetición. Algunas aman a los adictos, otras a los que no tienen la capacidad de dar y amar realmente, otras a los que las ignoran, otras a los hombres infieles, otras a los conflictivos.

Mi predilección en el pasado eran los hombres raros. Entre más excéntricos, más me gustaban y más los atraía hacia mí. No era casualidad, sino causalidad. Cuando entraba en contacto con alguien normal, me aburría. Tal vez yo también sentía que era rara por haber vivido en tantos lugares tan distintos y no pertenecer finalmente a ninguno. Tal vez buscaba que alguien extraordinario me reconociera también como extraordinaria. Ahora sé que soy bastante normal y que si algún día vuelvo a elegir estar en pareja, lo haré con alguien lo más normal posible, si acaso la normalidad existe.

Algunos años después de mi divorcio me reencontré con un hombre que había conocido tiempo atrás. Yo sentía que a él, precisamente, no tenía que darle explicaciones sobre mi pasado porque ya estaba al tanto de quién era y de todo lo que yo había vivido. Era otro tipo raro, sumamente callado y con ideas extrañas sobre el amor. A mí todo esto me pareció muy interesante y me volé, o sea, me sentí muy enamorada. Lo que nunca entendí es que ya debería haber tenido suficiente de seres extraños a quienes no comprendía del todo y que me entendían a mí aún menos, porque eso era precisamente lo que yo había vivido con mi marido. Estaba repitiendo esquemas que no me ayudarían en lo más mínimo a entender una relación amorosa como una enorme amistad de complicidad y entendimiento. Afortunadamente este hombre no estaba interesado en mí, y la relación que yo esperaba y anhelaba tanto nunca se dio. Pero yo seguí en una búsqueda eterna por repetir patrones con hombres diferentes, por no decir extraños, que sólo daban para más relaciones disfuncionales. Finalmente, tras el último rompimiento amoroso, decidí poner una pausa para reflexionar sobre mis esquemas de comportamiento y así cambiar mi futuro.

Conozco a una mujer que sufrió muchísimo de chica por el hecho de tener un padre alcohólico y abusivo. Ahora, como adulta, resulta que todos sus novios tienen algún tipo de adicción: a la comida, al sexo, a alguna droga, y ella esto lo vive como si curar a esos hombres fuera de alguna manera su destino y su propia sanación. No es el destino de nadie sufrir, ni hacerla de enfermera de nadie. Tu único fin como ser humano es llegar a ser una persona consciente. Si sientes que todos tus novios siguen los mismos patrones, aunque en un principio no se parezcan en nada entre ellos, es hora de revisar qué es lo que estás emitiendo hacia el mundo y reconocer que ese problema que intentas solucionar a través de tus relaciones sólo te corresponde a ti resolverlo.

Hay muchos otros tipos de monógamos seriales. Por ejemplo, del tipo que yo llamo el *all encompassing girlfriend* o la novia que todo lo satisface y que en todo se involucra. Tengo un amigo muy querido que cabe muy bien dentro de esta categoría, aunque es hombre. Pablo, en cada relación de pareja que establece y que en general dura bastantes años, se entrega al grado de perder su identidad. Como su primera novia era la hija del líder de un partido socialista, se aprendió de memoria *El capital* de Marx y participaba con su familia política en manifestaciones todos los fines de semana. Después, al terminar con ella, se convirtió en ingeniero de sonido de una banda de *grunge* porque su siguiente novia tocaba la batería allí. Luego se apasionó por el budismo, al cual su nueva novia lo introdujo, por lo que se rapó la cabeza y se fue a vivir un año con los monjes tibetanos. Ahora es artista plástico porque a eso se dedica su actual pareja. No dudo que Pablo tenga un acervo cultural riquísimo ni cuestiono que se la haya pasado muy bien en todos esos universos. Lo que me preocupa un poco es quién es en realidad y si él tiene esa certeza. Tal vez está huyendo de esa búsqueda en su interior y de tener que hacerse muchas preguntas sobre lo que le gusta o no. Al preocuparse siempre por mimetizarse con la persona con la que está, no se tiene que afligir por quién es él realmente. Llena sus días al acompañar a su pareja, al ayudarla, al buscar maneras de solucionarle sus problemas y al dedicar sus días a la misma actividad o a una paralela a la que realiza su novia. Considero que mi amigo se ha perdido en gran medida no sólo de conocerse a sí mismo, sino de descubrir qué es lo que realmente le gustaría hacer de su vida.

Creo firmemente que nosotros hemos venido a este mundo no sólo para entregarnos a otro ser humano y así olvidarnos de nuestra individualidad, sino para crecer, dar y conocernos. Si conocernos a nosotros mismos, sanar nuestras heridas y construir un proyecto de vida individual es una tarea dificilísima y muy tardada, imagínate lo que requiere conocer a otro individuo a profundidad, especialmente si en un principio sólo nos enfocamos en lo exterior. Conócete bien primero, llega a ser una persona equilibrada y así conocerás el verdadero amor.

Intentar resolver tus carencias, tus historias pasadas y el gran conflicto que implica el autoconocimiento, a través de una relación amorosa, es tan sólo una manera de enajenarse mediante el otro. Al no romper el ciclo de pasar de una relación a otra sin detenerte a pensar en quién eres, qué necesitas y cuáles son los problemas que deseas resolver, terminarás por repetir los mismos patrones una y otra vez.

VIII. Amores cibernéticos

Se ha puesto muy de moda entrar a sitios web destinados a solteros y solteras con el propósito de ayudar a que se encuentren y se conozcan personas con gustos similares o con una compatibilidad máxima.

Si nunca has entrado, la cosa funciona así: accesas al sitio, llenas un perfil, preferiblemente con fotografía, describes en un máximo de 250 palabras quién eres, qué gustos tienes y qué tipo de persona buscas.

Aunque este ejercicio me parece muy sano, y sin el afán de satanizar esta alternativa de conocer personas —ya que muchas veces nos encerramos en círculos sociales pequeños de los que es muy difícil salir—, creo que ponerse en el mercado así y arriesgarse a interactuar con quién sabe quiénes sean en realidad, puede ser muy peligroso.

Todos hemos escuchado historias como esta: "Pues la amiga de mi amiga conoció a su actual esposo en internet y son muy felices", y no dudo que eso suceda. Sin embargo, sí me parece que habría que tener cautela y tomar precauciones si vas a entrar en este tipo de juegos románticos.

Muchos hombres entran a estos sitios por diversión, para buscar mujeres, y sin embargo no necesariamente para encontrar pareja.

Los hombres casados, que en general no ponen sus fotos en estos sitios, lo cual te da una clave, ingresan a ellos para divertirse un rato con mujeres que consideran desesperadas y que estarían dispuestas a involucrarse en dinámicas como escribirse y conocerse en citas a ciegas.

"El proceso de conocerse debe ser gradual", dicen los japoneses. Es lento, pero seguro. Primero se mira prolongadamente a los ojos, después se puede tocar una mano, luego de mucho tiempo llegará un beso y finalmente, tras mucho relacionarse, puede establecerse una relación formal. Esto es algo que se da a través de la correspondencia, pero también la atracción, tan importante en las relaciones, debe ser algo espontáneo y natural, no forzado, y que se da luego de muchas miradas encontradas, de escuchar la voz del otro, de conocer sus gestos y la complejidad que lo compone.

En internet se saltan muchas etapas para conocer a un individuo con un *background* y una forma de ser singular, que concerta las citas en persona y que las hace tan emocionantes y necesarias. Se crean expectativas astronómicas al momento de conocer al otro en persona. También, para las mujeres, se arriesga mucho y se pasa demasiado tiempo frente a la computadora, cuando en realidad uno ni siquiera sabe con quién está chateando. Es un medio que se presta no sólo a los engaños más terribles, sino también a crear expectativas en el otro sobre un futuro que tal vez no se tenga ninguna intención de cumplir.

Pongamos el caso de mi amiga Mariana. A sus 40 años estaba ya cansada de relaciones informales y de encuentros casuales con chavos que conocía en el trabajo o en los bares. Metió su perfil en una de estas páginas. Ella, bastante pasada de peso pero muy guapa, puso una foto solamente de su rostro. En el tipo de cuerpo puso "normal" porque para ella es así. Es una chava segura de sí misma, muy divertida, bailadora y platicadora. Es exitosa en su carrera como investigadora universitaria y publica sistemáticamente en los anales más importantes de ciencias del país y el extranjero. En su vida de mujer soltera siente, porque lo tiene, todo el derecho de salir los fines de semana a reventarse y bailar hasta las primeras horas de la madrugada. Es una chava fuerte y de carácter franco. Todas sus amigas la queremos, la admiramos, y nos divierte enormemente pasar tiempo con ella. Sin embargo, cuando nos platicó de su incursión en el *ciberromance*, dudamos un poco de las posibilidades de hallar realmente el amor para una persona como ella, con hombres que tendrían expectativas, o muy bajas sobre el intelecto de sus compañeras o muy altas en el aspecto físico. A mí me parece que Mariana es una mujer muy atractiva, pero tengo muchos años de conocerla y su encanto no sólo está en su cara, sino en lo padre que es. Finalmente empezó a recibir correos de sus ciberpretendientes y uno de ellos, después de algunos días, decidió que no había por qué perder más tiempo estando los dos en la misma ciudad, y la invitó a salir a tomar una copa una noche. Mariana estaba muy emocionada. Él, un poco menor que ella, un abogado que parecía ser inteligente y culto por lo que platicaban por teléfono y por los *e-mails* que él le había escrito, podría ser todo lo que ella buscaba. El hombre, llamémosle Manuel, llegó a casa de Mariana puntualmente. Ella estaba arregladísima y lista para salir en cuanto llegara. Manuel, al abrir la puerta Mariana, no pudo esconder su decepción. Con sus 85 kilos y 1.65 de altura, no era precisamente lo que él imaginó cuando vio el rostro de esta chica tan guapa y tan simpática en internet. Mariana lo notó y, de inmediato, lo único que pudo hacer fue fingir felicidad y proponerle que fueran a un bar cercano para tomar algo. Ella, que tanto tiene que ofrecer, se puso sumamente nerviosa y las cervezas que se tomó se le subieron de inmediato. Bajo tanta presión no pudo ser lo simpática y viva que es cuando está con nosotras, con quienes se siente siempre bien. Manuel, sin embargo, se portó como un caballero, la llevó después de regreso a su casa y se despidió cortésmente. Durante la velada, ella le había pedido que la acompañara a una fiesta en casa de una prima la semana siguiente, y él dijo que sí, que la acompañaría feliz. Mariana esperaba una llamada, por lo menos al día siguiente, pero ésta nunca llegó. Manuel nunca volvió a hablarle y mucho menos la llevó a ninguna fiesta en casa de la prima.

Muchos dirán que tal vez ella tuvo la culpa por no aclarar en su perfil que estaba pasada de peso, pero la verdad es que la respuesta de Manuel tuvo mucho más que ver con la forma en que los hombres piensan y cómo se enamoran.

Hay que ser realistas en las expectativas que tenemos al utilizar este tipo de formas de conocer gente nueva. También es importante que seas absolutamente honesta, así no recibirás recriminaciones ni rechazos inmerecidos. Sobre todo, hay que aprender a leer entre líneas, lo que es muy difícil de lograr. Y aunque a algunas personas les funcione, como le puede resultar a otros salir a bares o en citas a ciegas arregladas por amigos bien intencionados, siempre la mejor manera de proceder es confiar en que donde tú estás, si eres realmente feliz, es a donde llegará una persona con la que podrás construir algo realmente interesante.

Las mujeres en este juego del *ciberromance* se arriesgan mucho más y por ello tienen más que perder que los hombres. Ten cuidado, y si le vas a entrar, hazlo con el corazón abierto, pero con los ojos aún más, como solía decir mi mamá cuando alguna de sus hijas o sobrinas empezaba una relación.

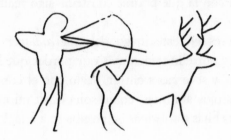

IX. Los hombres a veces necesitan una ayudadita

En un capítulo de una serie de televisión estadounidense, visto por millones de mujeres solteras alrededor del mundo, se dio a conocer una idea que para muchas fue tan novedosa y tan deslumbrante que sin duda cambió el parecer de todas las espectadoras: un hombre, cuando está interesado, se moverá y actuará de tal forma que hará evidente su inclinación por ti. Si no lo hace es porque realmente no está tan prendado o prendido contigo.

Al entender esta simple noción nos ahorramos muchísimos esfuerzos en vano, justificaciones sobre el comportamiento del otro y, principalmente, tiempo perdido tratando de analizar por qué no nos ha llamado o por qué se porta fríamente cuando le hablamos por teléfono.

Los hombres, aunque sean tímidos, estén deprimidos, sigan en luto por una relación pasada, tengan mucho trabajo o se vayan de viaje constantemente, si están interesados, enamorados o simplemente atraídos por ti, te llamarán por teléfono, te invitarán a salir, te mostrarán, en pocas palabras, su interés.

Si no es así, no tienes por qué angustiarte, justificar su comportamiento o hablar obsesivamente de él con tus amigas. Tampoco hay que decir que es una mala persona por no estar interesado en ti. Ese hombre, simplemente, no es lo que tú necesitas. Es así de sencillo y así de claro. No es nada personal en contra tuya. De la misma forma en la que muchas veces te han buscado hombres que son padrísimos, pero que a ti no te han gustado para algo más que amigos y a los que has rechazado en el plano amoroso, también ellos a veces deciden, después de conocerte un poco mejor, que no les atrae iniciar una relación contigo. Creo que es tan sólo que a los hombres muchas veces les da pena decirlo abiertamente y entonces hacen cosas para que sutilmente entendamos su falta de interés. Esta "sutileza" puede resultarnos incomprensible hasta que analicemos su comportamiento.

Revisemos el caso de mi amiga Vero, una mujer en sus treintas, inteligente, talentosa, guapa, muy simpática y ocurrente. Ella insiste en el hecho de que vivimos en un nuevo siglo, en el que por fin se nos permite comportarnos con los hombres que nos interesan de la misma forma en la que ellos lo hacían en el pasado para conquistarnos. Es decir, buscar, regalar detallitos, seducir, enviar correos coquetos, llamar por teléfono e invitar a salir. Ella les dice con absoluta claridad, y sin temor alguno a ser rechazada, que está interesada en ellos. Ha hecho cosas realmente sorprendentes por los hombres que le gustan. Ha mandado flores, enviado regalos muy originales a sus casas, escrito *e-mails* de amor dignos de un Pullitzer y llevado serenatas inolvidables. A mí me parece que es de las personas más geniales, originales y seguras que yo conozco. Sin embargo los hombres, aunque piensan que lo que hace es increíble y muy divertido, por alguna extraña razón no se quedan con ella. Es muy triste porque si el mundo estuviera hecho de otra forma, Verónica sería la mujer ideal de la mayoría, y sin embargo, ellos no parecen apreciar sus esfuerzos ni valorar lo original, generosa y guapa que es. Tal vez les dé miedo sus avances o quizá les moleste o sientan pena por el hecho de que sea ella la que haga lo que ellos deberían hacer. No lo sé. Yo espero que tarde o temprano, habiendo pasado el tiempo y descubierto lo singular que es, ellos la valorarán y le rogarán para que regrese con todos sus grandes detalles.

Como lo que Vero hace es sumamente divertido de escuchar y a veces de presenciar, nosotras la hemos alentado pensando que quizá lo que el chico en la mira necesita es un empujoncito. Aunque en estos asuntos resulta difícil generalizar y en ocasiones es peligroso establecer reglas, lo que sí es cierto es que, lo acepten o no, a los hombres les gusta actuar cuando conocen a alguien que les interesa realmente. Cambiarán citas, te invitarán al viaje de negocios, te mandarán mensajes de texto cariñosos y te hablarán por teléfono por cualquier razón. Muchos enviarán flores, aunque cada vez menos, y otros simplemente se presentarán en tu casa y te lo externarán directamente.

Sin duda, un hombre interesado y al que le gustas intentará besarte y utilizará cualquier pretexto para verte o acompañarte aunque sea al evento más aburrido, y con toda seguridad te llamará esa misma noche o al día siguiente para seguir el pimponeo de risas, de conversaciones y de su intento de ligarte, a la manera en que él se mueva, para establecer una relación contigo.

Hay excepciones a toda regla y sería una necedad insistir en el hecho de que a ninguno le encanta que una mujer tome la iniciativa. Sin embargo, la gran mayoría de los entrevistados sobre este tema insistió en que, a pesar de ser halagador, puede resultar incluso molesto después de un rato, y que es mejor dejar claro que hay interés sin hacer grandes gestos y después retirarte. Cuando la relación ya esté establecida, entonces se aprecian más los gestos de amor, pequeños y enormes, de parte de su chica.

No te engañes ni engañes a tus amigas. Los hombres, como nos han enseñado que es su esencia más primitiva, son cazadores. No necesitas comportarte como una *groupie* o fan para que entienda que te interesa. La sutileza es un arte femenino, con la cual sólo delicados gestos son todo lo que él necesitará. Si no hay una respuesta, déjalo ir y considera que tal vez ese hombre no es para ti. No hay por qué aferrarse. Ya llegará aquel que te buscará hasta el cansancio y que dentro de una relación sana y feliz, te motivará a dar mucho más de lo que jamás imaginaste que eras capaz.

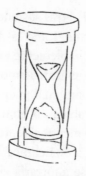

x. El reloj biológico

Muchas mujeres hablan del reloj biológico como si en efecto existiera un mecanismo interno que hace tic-tac y continuamente les avisa que ya llegó la hora de realizar algo en sus vidas.

Desde temprana edad se establecen estas metas de tiempo y las justifican con nociones falsas sobre la biología femenina.

Bajo esta categoría caben, por ejemplo: procrear, casarse, tener la primera relación sexual o lograr ciertos objetivos en lo profesional.

Consideremos la situación de Andrea, que a sus 34 de edad llevaba ya varios años sin novio y, por ende, sin ningún plan concreto de tener hijos. Un día, tras sostener una dura conversación con su madre sobre el tema, tomó la decisión de que si no era en ese momento, ella probablemente nunca se embarazaría y se perdería de lo que su progenitora llamó "una de las experiencias primordiales de la vida para cualquier mujer". Nos decía a sus amigas que si no encontraba a un hombre que la acompañara a lo largo de su vida, por lo menos sí tendría un hijo que lo hiciera. Decidió que iba a acudir a una clínica de inseminación artificial en Estados Unidos. Así se ahorraría el problema de liarse con alguien y de dar explicaciones, además de que tendría asegurada la salud del bebé y los genes correctos. Contaba con los recursos económicos no sólo para llevar a cabo esta empresa, sino también para mantener a su hijo. Andrea hizo unas llamadas, algunas búsquedas por internet y decidió tomar sus vacaciones del trabajo para ir a embarazarse. Lo logró y sus amigas y familia, entre el deseo de apoyarla y la preocupación de que estuviera tomando la determinación adecuada, la acompañamos durante la gestación y festejamos con ella el nacimiento de una lindísima bebé que llamaremos María. La niña pasó su primer año de vida muy mimada por nosotras y sus abuelos. Andrea siguió trabajando, pues decidió que era algo fundamental para ella, se inscribió en una maestría y al mismo tiempo gozaba mucho a su hija, sobre todo los fines de semana. Tenía el apoyo de su mamá, de las tías y de una nana fantástica que le ayudaba enormemente en el cuidado de María. Al año y medio, sin embargo, en una clase de la maestría, Andrea conoció a Juan Carlos y, para su enorme sorpresa, él la invitó a salir e iniciaron una relación. Juan Carlos estaba divorciado y tenía dos hijos que pasaban con él los fines de semana. Empezaron a tener actividades juntos, muchas veces con los tres niños, y con el paso del tiempo la relación se intensificó y él le pidió que se casaran. La boda se realizó al año siguiente. Cuando María cumplió cuatro años, Andrea se embarazó nuevamente y al cabo de nueve meses nacieron Santiago y Sebastián. Con una familia de siete, Andrea obviamente dejó su trabajo y ahora se dedica absolutamente al hogar. Juan Carlos es el feliz y sorprendido padre de cinco niños. Él es realmente un tipazo, un gran papá, al que todo el mundo quiere y admira por su buen ánimo. Es tal vez una anécdota chistosa que tuvo un final óptimo, pero también es una historia clásica de desesperación a una edad en la que no había motivos para exasperarse...

Me encanta contar la experiencia de Andrea y me causa mucha gracia a mí y a quien se la relato, pero también ejemplifica perfectamente cómo nuestra vida no está trazada previamente y cómo una no debe decretar a qué edad le deben o le van a llegar las cosas. Entiendo la presión que sintió en el momento de tomar la gran decisión y yo sé que no se arrepiente ni se arrepentirá jamás de haber tenido a María, pero de haberse esperado un poco, su enorme deseo de ser madre, o el de su mamá de ser abuela, se hubiera cumplido de cualquier forma. Tampoco es necesario depender de los deseos ni de los tiempos de los demás para realizarse en las áreas que una anhela.

Muchas mujeres, sin embargo, toman resoluciones basadas en la supuesta existencia de este reloj biológico en vez de enfrentar la vida y las circunstancias que les van tocando con buen talante y con paciencia. La edad no es un motivo para tomar decisiones drásticas. Ahora hay mucho más tiempo, muchas más oportunidades y posibilidades para las mujeres de tener hijos a edades más avanzadas, de casarse cuando se les antoje y de cumplir con sus metas y sueños al debido tiempo. Ahora tienen la libertad de escoger entre muchas opciones distintas.

Todo lo que quieras para ti se puede hacer realidad en el momento en que sea realmente oportuno que llegue a tu vida. Hay que confiar en la sabiduría de la naturaleza y también en la capacidad de una misma de entender cuándo las situaciones son adversas o simplemente no óptimas para realizarse como pareja o como madre.

Hay que aprender a escuchar a la vida y no al tic-tac que uno mismo se ha metido en el corazón o en la cabeza.

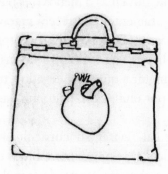

XI. Y vivieron felices para siempre...

Hace algunos años mi terapeuta me hizo una sugerencia basada en una teoría que ella tenía y que seguramente muchas mujeres experimentadas en el amor compartirán: "Mira, Flor, es imprescindible que cuando conozcas a un hombre nuevo, te esperes por lo menos tres meses antes de decidir si es alguien con quien quieres que suceda algo, o sea, con quien establecerás una relación de pareja. Esto es una recomendación que muchas mujeres deberían seguir porque les ayudaría a elegir correctamente".

Me explicó que existe una fase de enamoramiento y de encantamiento con el otro que ella llamaba "el periodo de gracia". Durante este lapso, que dura más o menos tres meses, todo lo que el otro es o hace seguramente te parecerá maravilloso, fascinante, extraño, rico, fantástico. Después empieza otra etapa que consiste en descubrir a la persona real. Otro de sus famosos consejos es aprender a distinguir a quien ha llegado a tu vida con base en estas categorías: "por una razón, para una estación, para un día o para siempre".

Varias mujeres, al revisar su currículo amoroso, se darán cuenta de que muchos de noviazgos fallidos duraron entre tres y cuatro meses. Esto es porque justo al pasar el periodo de gracia, alguno de los dos se dio cuenta que la relación no tenía futuro. Yo por lo menos tengo un par de *tresmesinos* en mi historial.

Por eso es tan difícil hablar de cuánto dura el amor, no el enamoramiento, y más difícil aún determinar si debemos hablar de un "para siempre" al iniciar una relación o incluso después de casarnos. Debemos volver a replantearnos la idea de mantener un ojo puesto sobre las características no negociables, las edades correctas para casarnos, las decisiones y la vocación.

A manera de preconclusión para esta parte del libro en la que he intentando realizar una deconstrucción paso a paso de algunos de los mitos más grandes sobre el amor, propongo entonces una reflexión basada en la siguiente pregunta:

¿Y por qué en los cuentos de hadas nunca nos muestran lo que pasó después de la boda?

Tal vez la respuesta se encuentra en que la vida matrimonial en la cotidianidad es poco emocionante, muy trabajosa en el buen sentido, y en la mayoría de los casos rutinaria, aunque pueda a veces ser muy dramática. También porque mostrar a las parejas en la vejez es poco romántico. Somos una cultura enamorada del amor juvenil. Lo vemos como un ideal, aunque en realidad es en la juventud cuando cometemos errores decisivos por falta de experiencia y herramientas, y precisamente por el romanticismo que aprendimos de las historias de amor de la literatura y el cine.

Si bien este penúltimo mito está muy relacionado con todos los anteriores, nos habla más concretamente sobre lo que consideramos que es un final feliz.

Analicemos la historia de mi amiga Leonora. Ella se casó después de la preparatoria con el novio que tenía desde los 15 años. Ambos se casaron realmente enamorados y con la certeza absoluta de que iban a durar así toda la vida. Al poco tiempo, ella se embarazó por primera vez, y después dos veces más. Se convirtió en una madre muy dedicada, pero sin la posibilidad de hacer otras cosas o vivir experiencias diferentes. No sé si era feliz o no, pero no se cuestionaba mucho sobre lo que sentía. Todo este proceso era muy natural para ella y para la relación con David, que sería de por vida. Mientras tanto David, ya fuera de la carrera, empezó a trabajar, a interesarse en cosas nuevas y a conocer más gente. Después de algunos años había cambiado mucho y se empezó a cuestionar si estaba donde debería estar, con lo que poco a poco el matrimonio se deterioró hasta llegar a su fin. Él, con mucho dolor, le dijo a su mujer que había llegado a la conclusión de que ya no la amaba. Leonora quedó devastada. Le había dedicado su vida y su juventud, sacrificando sus estudios universitarios y una existencia de adolescente normal para estar con este hombre que ahora de manera tan desagradecida la dejaba así nada más. Ella no estaba tampoco muy segura de amarlo de la misma forma en que lo hacía cuando se casaron; sin embargo, para Leonora eso no era lo importante. La prioridad era seguir casados y vivir en familia.

De esta triste historia tal vez opinarás: "Claro, es que los hombres son unos cerdos", y lo podrás decir con mucha convicción, pero cualquier hombre al que se la cuentes, a menos que sea el hermano o el papá de Leonora, te diría lo siguiente: ¿pero no se trata la vida de ser lo más felices posible? Tú contestarás que así es. ¿Entonces no tenía David todo el derecho de encontrar su felicidad y no permanecer en un matrimonio sin amor?

Es muy fácil desearle mal a David y esperar a que su próxima novia lo mande a volar rápido para que sepa lo que se siente, pero en realidad en estas vivencias de dos es muy difícil juzgar desde afuera.

Ni Leonora ni David tuvieron la culpa de casarse tan jóvenes porque nadie les aconsejó que no debían hacerlo. Si en los cuentos de hadas sólo hay una forma de mostrarse el amor y ésa es casándose, dos personas con una educación y una cultura como la nuestra por supuesto que no vieron jamás que había mil y una maneras más y sin presiones de vivir su amor. Tal vez porque su pensamiento estaba nublado por el amor, por el sueño romántico de la boda, por los cuentos de hadas y por una idea equívoca sobre el matrimonio y lo que es tomar decisiones clave a una edad incorrecta. Nadie les dijo tampoco: "Espérense, no se embaracen rápido, vayan los dos a la universidad y después de un tiempo de ejercer sus profesiones, entonces decidirán si es momento de casarse y tener bebés".

Leonora se sigue ocupando de sus hijos adolescentes y está haciendo una carrera abierta en la universidad. Está intentando entender qué fue lo que sucedió y también ser amiga de David por el bien de sus tres hijos. Sus amigas la admiramos por el ánimo y el esfuerzo que realiza por aprender de lo sucedido y por adaptarse a una vida de mamá soltera. Entre todas las tareas de la escuela y de la casa, ella tiene poco tiempo y energía para salir a conocer a alguien mientras ve que David ya ha pasado por tres novias en un corto periodo. Le preocupa cómo esta situación pueda afectar a sus hijos en sus relaciones sentimentales y en la estabilidad de sus vidas. Se esfuerza enormemente para que sean chavos felices, que perciban que su mamá también lo es. A veces nos dice a sus amigas que siente que nadie va a querer estar con una mujer con tres hijos adolescentes, o que será difícil involucrar a un hombre en la vida de éstos. Yo no considero que eso sea un impedimento cuando ella esté en la situación adecuada y cuando tenga ganas de volver a lanzarse al ruedo del amor. El tiempo lo dirá, pero creo que, al margen de su real aptitud para ser mamá, lo cual es evidente, también tiene vocación de pareja y es natural que encuentre a alguien más cuando sea el momento correcto. Es una mujer joven y atractiva. Por lo pronto, para ella ésta es una etapa de autoconocimiento y diversos esfuerzos.

En este sentido hay mucho que aprender de la situación de mi amiga. Si es difícil elegir carrera apenas uno sale de la adolescencia, mucho más complicado es creer que se puede elegir una pareja permanente a esa edad y con las pocas herramientas que se tienen.

Durante los veintes la gente suele cambiar: hay vivencias muy distintas y se empieza uno a dar cuenta de quién es y de qué está hecho. Se cambia de amigos, se busca vivir aventuras y explorar situaciones diferentes. Se puede enamorar uno de varias personas o, simplemente por curiosidad, es posible desear experimentar sexualmente con otras personas, lo cual, quiérase o no, puede romper definitivamente una relación.

Una persona también podría desarrollar intereses que el otro no comparte y que ocasiona que la gente se aleje. El caso de Leonora y David, a pesar de sus buenas intenciones, da clara evidencia de esto. Él se desarrolló profesionalmente, tomó cursos y viajó por su trabajo; Leonora se quedó como la chica linda que él quiso durante muchos años, pero con la que ya no compartía ni visiones del futuro ni conversaciones en las que ella pudiera participar.

Ese fue el fin de una pareja que se volvió dispareja.

Hay parejas muy felices que seguirán siéndolo porque han trabajado intensamente para lograrlo. Hay otras que son muy felices porque simplemente se entienden bien y han sabido ceder cuando es necesario, y porque son buenos amigos y amantes.

También hay parejas que son felices y después ya no. ¿Por qué? Por miles de razones: el encanto murió, el otro cambió y uno también, pero en direcciones opuestas, la atracción física desapareció, se pusieron demasiado cómodos y dejaron de echarle ganas y fuego a la relación, pasaron por tantos y tan malos momentos que ya no pudieron recuperarse juntos, uno se enfermó, una situación económica desfavorable finalmente acabó con el cariño, o porque a veces simplemente el amor se va.

Es un hecho tristísimo y no quiero disminuir la importancia ni el dolor provocado por una pérdida de ese tamaño. Son situaciones que te marcarán de por vida, pero que tampoco son siempre lo peor que te pudo haber pasado. A veces lo peor es seguir en una relación que simplemente ya no funciona.

No hay que poner todas las calabazas en la carreta de los enamorados. Hay que depender de una misma y tener intereses propios, así como una forma de salir adelante en cualquier caso. Hay que tener siempre, no un pie afuera de la relación, pero sí un plan de emergencia o de contingencia personal. Como vimos en el capítulo anterior, es imposible predecir el futuro. Nunca sabes qué sucederá adentro del otro a quien tú amas; ni siquiera sabes qué rumbo tomarán tus propios sentimientos.

No estoy haciendo aquí una apología del divorcio ni muchos menos de la infidelidad, simplemente digo que muchos matrimonios no funcionan por razones distintas, muy a pesar de las buenas intenciones y deseos de los esposos.

En el lado opuesto a Leonora por ser la de un divorcio sin hijos está la historia de Fernanda, quien se casó también muy chica pero después de algunos años se dio cuenta del error cometido y decidió separarse. Tras pasar algunos meses, sin embargo, se sintió muy triste y también presionada por su familia, y decidió volver a intentar una relación con su marido. Se llevaban bien entonces, pero más que nada como buenos amigos, porque en sus palabras "algo se había roto" con la separación. Después de un año optaron finalmente por divorciarse. Sin pretextos, sin excusas, tomó la decisión de salir adelante y ser feliz sola. Asumió su parte de responsabilidad por haber elegido incorrectamente a su pareja y haberse casado tan joven, y determinó quedar en buenos términos con él. Ella buscó a sus amigas, se concentró en hallar otro trabajo y un nuevo lugar para vivir que la hiciera feliz, en tener una agenda social y cultural llena, en viajar y divertirse. Se reencontró con ella misma a través de la soledad. Es una mujer íntegra, feliz, luchona y optimista. Sabe ahora, aunque se casó pensando que era para siempre, que el crecimiento que requiera de cambios, aunque sea doloroso en un principio, es en general algo positivo. Entendió que las relaciones y la gente cambian naturalmente y que, en algunos casos, lamentablemente esas transformaciones aniquilan una relación. También, que su vida ahora es nueva y llena de felices posibilidades. Si algún día Fer se vuelve a casar, será de manera muy distinta y pensando más realista.

Esa ley de la vida, la que dicta que nada es estático, pone a mucha gente nerviosa. Yo prefiero emocionarme y pensar que me esperan aún muchas sorpresas y que eso es lo más padre de vivir. Ese hecho me divierte enormemente.

A pesar de todas las pérdidas que enfrentarás en tu vida, si tu actitud es de optimismo sobre el futuro, sin duda también contagiarás a los demás con tu energía y tu espíritu de lucha constante.

Nada en la vida permanece igual nunca, ni por largo tiempo. Mucho menos un ser humano. Cuando estás en una relación estable no debes quedarte sentada en un laurel, viendo la vida pasar y soñando con que todo es como el día en que tomaron la feliz decisión de estar juntos.

Por eso es tan importante que no te la creas, que este mito no te nuble la vista y que estés muy consciente de que siempre tendrás que echarle leña a la relación para que no se apague y se acabe. En este sentido, también tu vida de soltera necesita ese empuje y ese trabajo para que estés feliz sola.

La única que puede decidir sobre tu final feliz eres tú.

No decretes nada nunca como eterno ni como una verdad absoluta. Vive día a día y disfruta las transformaciones que experimentas al igual que cada etapa de tu vida. Trabaja mucho en ti, en tu relación contigo misma e intenta, con inteligencia y con franqueza absoluta, decidir tu camino paso a paso. Sigue tu pulsión, tus pasiones individuales. No hay nada de tu pasado que no pueda corregirse al entender verdaderamente sus orígenes. Ninguna historia de amor "fracasada" puede considerarse que fue enteramente la culpa de uno o de otro, pero tampoco debes sentir que tendrás que pagar el resto de tu vida esos errores cometidos en el pasado. Muchas veces los yerros fueron por falta de herramientas, de experiencia y de conocimiento de la vida. Por eso es tan importante no seguir perpetuando estos cuentos de hadas como un reflejo de la realidad. Al final, con la única persona con la que puedes contar para un verdadero *happy ending* eres tú misma.

XII. Los horrores de la soltería en la mujer

En general, cuando se habla de un hombre maduro que no se ha casado, se dirá que es un soltero empedernido, codiciado, un hombre solitario o, a lo mucho, por el lado negativo, que es un ermitaño. Sin embargo, una mujer soltera en sus treintas o cuarentas siempre es motivo de compasión y de preocupación por parte de amigos y familiares.

"No sale ni en rifa" o "ya se quedó", dicen muchas tías sobre la sobrina treintañera que aún no ha encontrado a la persona correcta, que ha decidido darle prioridad a su vida profesional o que ha optado por enfocar su energía en otras áreas de su vida. O sea que da lástima porque se está esforzando por ser más feliz y plena.

Este mito de la horrible soltería se enfoca en la soledad en vez de la singularidad, en el aburrimiento en vez de la actividad, en mujeres solas y por ende amargadas vestidas de ropa negra acompañándose en la vejez para cuidarse porque malamente no hay un hombre que cumpla con esa labor, en mucha tristeza y frustración, como en una trágica película de Bergman.

Si estás cansada de que la gente se compadezca de ti por estar soltera, empieza por expresar cuán contenta estás. La compasión rápidamente desaparecerá y empezará a respetarte y a no preguntar con insistencia si ya conociste por fin a alguien. Te preguntarán qué tanto estás haciendo para mantenerte tan feliz. El enfoque cambiará de un tema a múltiples temas.

Cuando es interrogada por sus familiares sobre este asunto, una amiga muy chistosa siempre contesta: "No tengo un novio, tengo muchísimos novios", lo cual es falso pero deja a las tías sin nada que decir y sin insistir más en lo mismo.

Muchos piensan que la soltería es una cuestión de circunstancias, que las mujeres solas son víctimas del hecho de que ningún hombre las haya elegido. Por ende se piensa que sólo los hombres permanecen solteros por decisión. Desde siempre, la soltería es una opción y de eso tienes que estar consciente.

Cualquier mujer que quiera compañía masculina puede obtenerla. Cualquiera que desee casarse logra hacerlo. Eso sí, tal vez con alguien que no la haga feliz, pero eso también es en respuesta a otras decisiones.

Actualmente muchas mujeres vislumbran casarse más tarde y dedicar más años a hacer lo que anhelan como individuos, sin depositar todas sus expectativas de vida en tener una pareja ni gastar toda su energía en encontrarla, y antes de tener niños. Muchas también viven bajo el lema de "mejor solas que mal acompañadas". Esto no implica que las mujeres contemporáneas seamos egoístas ni que no nos interese, o incluso que no necesitemos, la compañía de los hombres; es tan sólo y únicamente que sabemos que hay tiempo para todo y que se deben tomar decisiones inteligentes y en el momento acertado para cada una.

El estar soltera pero obsesionada con la idea de casarse o de tener un novio, sea como sea, tampoco da para una vida muy interesante ni manejada con inteligencia. Esto te llevará a tomar decisiones desastrosas y hará de tus conversaciones monotemáticas algo pesadísimo y aburrido para los que te rodean.

Tampoco puedes dejarte presionar por nadie, ni siquiera por tu familia. Ni mucho menos sentir que tienes que encontrar un novio y casarte por el hecho de que todas tus amigas lo están haciendo y también están teniendo hijos. Cada quien debe hacerse responsable de sus circunstancias de vida y aceptar sus tiempos para realizarse en distintas áreas.

La soltería, a la edad que sea, es equivalente a un sinnúmero de probabilidades. Una mujer soltera tiene mayor oportunidad de hacer viajes, de enfocar su energía en las amistades, de disfrutar salidas muy divertidas —si se viven sin pensar únicamente en ligar—, de adoptar una responsabilidad que existe nada más ante ti misma en todos los aspectos de tu vida, de lograr una mayor economía, de inmensa diversión, autorrealización, independencia, fortaleza y buen humor, de ser atractiva por el hecho de irradiar felicidad y plenitud, de adquirir una enorme cultura por tener más tiempo dedicado a cultivarte, de búsquedas fuera y dentro de una misma, etcétera.

Sin embargo, a pesar de que estamos en una era de más libertades y en la que muchísimas mujeres viven, se mantienen y se divierten solas, en general su situación es vista por la sociedad como un estado terrible del que hay que intentar salir lo más pronto posible. La imagen que prevalece de la soltería en las mujeres, como en la película de Bridget Jones, es la de una chica comiendo helado del frasco, en pijama, viendo tele, llorando y siempre deprimida o por lo menos bajoneada porque no tiene una cita para el sábado en la noche.

¿Y si lo viéramos al revés? ¿Si la soltería fuera el estado ideal de una mujer y al matrimonio se llegara únicamente por vocación?

La soltería, en la forma en la que yo he decidido vivirla desde hace más de tres años, o sea feliz en vez de estoicamente y con la convicción de que así debe ser por ahora, ha sido realmente una experiencia gozosa, muy enriquecedora y de enormes aprendizajes. El mío es un testimonio verídico y a través del cual espero contagiar a muchas otras mujeres para que la vivan de la misma forma. Es por eso que decidí escribir este libro junto con mi amiga Ale, otra soltera feliz.

He podido dedicarme a soñar y realizar mis metas sin obstáculos ni distracciones y con toda mi energía dirigida hacia ese fin, regresar a la escuela y cambiar sin presión de una carrera a otra que ahora me hace mucho más feliz, hacer un trabajo voluntario en una asociación que admiro y que ayuda a millones de personas alrededor del mundo, y finalmente, divertirme como enana con mis amigas y amigos. Sin todas las horas del día completamente a mi disposición y sin la tranquilidad que me ha otorgado no tener una pareja por decisión y convicción, tal vez no hubiera hecho ni una décima parte de lo que he realizado en los últimos tres años en los que no he tenido a nadie más que a mí misma. Tomé esta decisión porque necesitaba volver a mi centro y en mi caso eso implicaba aprender a estar feliz sola. No quería cometer nuevamente los errores del pasado ni tener otra vez un novio sin estar convencida de que era la persona correcta para mí. En estos tres años, si no hubiera sucedido ese cambio "radical" en mí, y por mi forma de ser anterior—cuando tenía un novio se convertía en mi universo entero—, si hubiera estado acompañada difícilmente me habría reído tanto y tan fuerte, aprendido demasiadas cosas, conocido a tanta gente, bailado hasta el cansancio, soñado con diversos asuntos que sólo me corresponden a mí. Y todo esto ocurrió gracias a la nueva libertad de pensar por mí misma y dedicarme a ser únicamente alguien que a mí me cayera realmente bien. Sola feliz y fortalecida. He vuelto a aprender a ser yo, sintiéndome muy bien acompañada y apoyada por mis amigas y mi familia, que son muy amorosas, divertidas y respetuosas de mi forma de ser y pensar.

Por eso me entristece mucho ver que desde muy jóvenes las mujeres están realmente preocupadas y ocupadas únicamente por lograr estar con un hombre. Muchas veces son talentosas, inteligentes, exitosas, trabajadoras, divertidas y muy buenas personas que no encuentran al hombre correcto, y sólo por eso se sienten frustradas.

Mi estado actual de soltera feliz por decisión propia podrá modificarse o no en un futuro cercano o lejano, pues nadie sabe qué va a pasar en el futuro, pero lo que no cambiará nunca es mi deseo y mi esfuerzo continuo por tener una vida original y alegre.

Está en ti decidir cambiar de enfoque e irte por un camino no recorrido previamente. O sea, no ser una *single female looking for...*, es decir, simplemente una mujer en busca de un hombre. Si ya lo intentaste y no te funcionó, ¿no deberías pensar otra estrategia? Se necesita un poco de valor y saber desprenderte de las expectativas que siempre has tenido o que te han sido impuestas. Requiere de dar una respuesta distinta al cuestionamiento: "¿Por qué estás soltera?"

La soltería no define tu felicidad o tu infelicidad. Si eliges ser una soltera feliz por un tiempo indefinido, lo cual implica "salirte del mercado", descubrirás una parte tuya mucho más esencial y dirigida que sin duda te sorprenderá. Tendrás también más energía, más tiempo para ti y seguramente también dormirás mucho mejor. Te relacionarás con las mujeres y los hombres de otra manera más franca y rica. Éstos son tan sólo algunos beneficios de una soltería feliz.

Segunda parte
Una soltería plena

Alejandra

I. Aunque la mona vista de seda...

La autoestima es como el dicho de la mona, y si no la tienes, mona te quedas. Muchas mujeres pasamos horas interminables discutiendo sobre la autoestima y cómo mejorarla. Asistimos a terapias con todo tipo de doctores y especialistas, tomamos tés y píldoras, utilizamos máquinas que reducen nuestras medidas, nos untamos innumerables menjurjes y cremas, nos alaciamos o nos enchinamos el cabello, asistimos al gimnasio y vamos a retiros espirituales; vestimos a la moda, compramos zapatos, collares, faldas, bolsas, lencería, pantalones, *lipsticks*, sombras, delineadores, etcétera, etcétera, etcétera. Y empleamos estas herramientas a diario para lograr que la mona, o sea tú, te vistas de seda.

¿Para qué negar que facilitan nuestra relación con el mundo y nos hacen lucir bellas y encantadoras? La contraparte de utilizar ciertos productos es que a veces nos escudamos detrás de éstos o nos hacen creer que valemos más como seres humanos de acuerdo con las marcas de los objetos que portamos. "Dime qué traes puesto y te diré cuánto vales."

Hace poco me contaron la historia de Marcos, un vendedor que iba a casarse con la hija de un señor muy prominente y adinerado. Unas semanas antes de la boda, ella rompió el compromiso. Su razón fue contundente: "Mi papi me dice que no me convienes. Piensa que no podrás darme lo que me merezco. Lo he estado pensando y creo que tiene razón". La chica se dio la medio vuelta y así como si nada tiró el anillo de compromiso al piso, subió a una camioneta y desapareció.

Esta mujer opina que la posición económica es un requisito indispensable para ser feliz. Marcos quizá no llegue a formar un emporio millonario como lo hizo el papi de su ex, pero seguro será un buen proveedor, un buen padre y un gran esposo. El dinero no garantiza la felicidad ni compra la salud ni la autoestima ni asegura el bienestar interior, aunque sí es una herramienta muy apreciada y generosa para disfrutar despreocupadamente de la vida.

La realidad es que no necesitas tener millones ni ser perfecta ni pesar menos ni tener el cabello como la guapa del comercial para sentir que eres valiosa. Tampoco requieres tener esa bolsa, esos zapatos o ese vestido para lucir hermosa. Simplemente eres preciosa por naturaleza.

Las cosas materiales pierden su función si una no las aprovecha como meras herramientas. ¿De qué sirve vestirte de seda y lucir bien por fuera si te sientes mal por dentro y tienes baja autoestima? ¿De qué sirve asistir a una terapia si cometes los mismos errores una y otra vez y no cambias de raíz?

Mi amiga Cassandra participaba en una terapia grupal de autoayuda cuatro veces a la semana. Siempre se quejaba del caos que era su vida, de lo infeliz que se sentía y justificaba sus comportamientos autodestructivos diciendo: "Estoy enferma de mis emociones; por eso me autodestruyo y daño a las personas que quiero. Mientras no beba ni tome pastillas estaré bien".

Cassandra siguió pensando y comportándose como habitualmente lo hacía, la única diferencia es que no tomaba ni se enfiestaba. A pesar de que ya no ingería ninguna sustancia, en el fondo continuó sintiéndose miserable pues no identificaba la raíz de su problemática.

El abuso de algunos medicamentos que nos recetan los doctores como el lexotan, el prozac o el tafil, o consumir en exceso drogas como el alcohol y en algunos casos el abuso de la comida, se convierten en un indicador o manifestación clara de que algo nos entristece por dentro. Dejar de ingerir narcóticos o establecer una relación más sana con los alimentos es un buen principio para aclararse, sin embargo, limitarse a reconocer el síntoma no es suficiente para cambiar nuestro interior. Habría que analizar y entender a fondo qué sentimiento o pensamiento nos lleva a usar pastillas o a comer compulsivamente para corregirlo.

Desafortunadamente, hay mujeres que sienten que están predestinadas al fracaso y usan sus debilidades como excusa para no evolucionar. Dicen: "Tengo cierto imán para atraer a hombres disfuncionales". O "Soy una idiota". O "Siempre me va mal; nunca he logrado nada". O "Sin esa pastilla no puedo dormir". Como afirman los sabios budistas, somos lo que pensamos. Si te repites a ti misma que eres un fiasco, que no puedes, que tus sueños son utópicos, vivirás creyendo que así es, interpretarás el personaje de perdedora y harás lo imposible para que así se desenvuelvan los eventos de tu vida. Serás un vivo ejemplo de la profecía autorrealizada.

Si en verdad deseamos cambiar de raíz, no basta con enlistar nuestros problemas. Hay que llegar al meollo del asunto, desenmascararnos auténtica y genuinamente, y desmenuzarnos poco a poco para entender por qué nos comportamos de cierta forma y hacemos cosas que nos hacen sentir mal. Hay que empezar a perdonarnos. Todo en tu vida puede ser mejor. El chiste es que tú lo creas.

De nada sirve asistir a terapias grupales y sólo hacer terapia de nalga. Nadie ni nada te puede sacar de una problemática si tú no deseas salir. Comienza por aceptar tus debilidades y defectos. También reconoce tus cualidades y aciertos para poder amarte. Sólo tú puedes cambiar tus creencias sobre ti misma y tu actitud ante la vida.

De chica tuve un novio, mi primer amor, que aún recuerdo con mucho cariño. Cuando me decía que yo era una mujer linda y guapa, no le creía. Muchos años después me cayó el veinte de un patrón que seguí y practiqué durante mucho tiempo: siempre que me piropeaban, yo desconfiaba de que me decían la verdad. Dudaba de mi valor y mi belleza física. Entendí después que esto se debía a las conductas y los patrones que aprendí, a la problemática a la que me enfrenté con mi familia y a que en la escuela me decían "cuatro ojos". Veinte años después se organizó una reunión de ex compañeros de la escuela, muchos nos sorprendimos al descubrir en lo que cada uno se había convertido. Algunos se habían olvidado por completo de quiénes eran y del sentido que querían darle a su existencia. Otros, aunque tenían éxito económico y aparente bienestar en todas las áreas de su vida, se sentían infelices. Muchos de ellos me dijeron que me encontraban más guapa que nunca y envidiaban mi estado civil. La imagen que yo proyecté es el estado actual en el que me siento: contenta, segura, hermosa y dispuesta a seguir creciendo. He pasado momentos muy duros, pero he decidido cambiar. Sin esas caídas, no hubiera podido crecer como mujer ni entender por qué hacía cosas que me lastimaban. Aún sigo trabajando en mí, y aunque cometo errores, veo con alegría que soy más fuerte y sólida.

En ocasiones, no sólo la infelicidad interior nos minimiza, sino que nos agobiamos por cosas externas insignificantes. Me acuerdo una vez que entrevisté a un sujeto para una revista. Me arreglé, pero me sentía fea porque tenía un problema que según yo era enorme: un grano que me había exprimido dos días antes y que lejos de sanar, parecía un volcán activo en erupción. Lo escondí con maquillaje y corrector, pero mientras lo entrevisté, estuve consciente de su presencia y traté de disimularlo jugando con el cabello. Una semana después, este hombre y yo comenzamos una relación, lo cual quiere decir que lejos de fijarse en mi grave defecto, le gusté como mujer. Yo estaba tan preocupada por esa pequeñez, que me la pasé muy mal toda la entrevista. Estuve consciente de mi "imperfección" toda una tarde y el entrevistado ni siquiera lo notó.

Ahora que volteo, recuerdo ese episodio con mucha risa. Resulta insólito que algo tan banal y pasajero como un grano pueda regir un instante de tu vida y hacerte sentir mal de tu aspecto físico. Sin duda, muchas mujeres pasamos por situaciones similares. Si nos asumimos, nos daremos cuenta de que no somos ni nos vemos tan terribles como pensamos.

Hay mujeres que se hacen de la vista gorda por muchos años, como sucede en la historia del elefante rosa que está dentro de la sala de la casa de una familia y que ninguno de sus miembros está dispuesto a ver, o como el cuento del avestruz que esconde su cabeza bajo la arena. Sonia se quedó sola luego de 25 años de matrimonio. Su marido, que siempre le fue infiel, terminó dejándola por otra. Ahora se lamenta: "Si tan solo me hubiera atrevido a separarme hace veinte años..." El hubiera no existe, reza el dicho. No esperes como Sonia a que pase más tiempo. Atrévete ahora a tomar una decisión que puede mejorar tu calidad de vida, aprende a gozar tu soltería y supera tus pérdidas, miedos e inseguridades. Te garantizo que aunque al principio temas dejar a una persona que te lastima, te sentirás mejor y más fuerte con el paso de los días. Estoy segura de que no te arrepentirás de cambiar y te percatarás de todas las oportunidades que están reservadas para ti y que no habías visto ni considerado antes de este momento. No estás sola ni eres la única mujer que ha vivido desilusiones y momentos difíciles. Deja de huir y de evadirte. Tampoco te mortifiques ni te lamentes por tu negro pasado. Lo hecho, hecho está, y aún tienes el presente y mucho tiempo por delante para vivir de una manera más plena y feliz.

II. Exceso de equipaje

Muchas mujeres crecemos con exceso de equipaje y lo arrastramos a nuestra vida adulta. Desde que nacemos nuestros padres y el medio que nos rodea influyen en la imagen que tenemos de nosotras mismas, en nuestras creencias y expectativas, en cómo debemos comportarnos o reaccionar ante determinada circunstancia. También nos enseñan cómo lucir para ser aceptadas y amadas. Toma en cuenta que todo lo que aprendimos se filtró por los ojos y las experiencias, buenas o malas, de estas personas que nos determinaron. Esto es lo que llamo exceso de equipaje o cargar con cosas que no nos corresponden.

El equipaje hay que aligerarlo con nuestras vivencias y combinar lo que aprendimos de chicas con lo que ahora conocemos y creemos de nosotras mismas para armar el rompecabezas completo. Recuerda que no hay reglas ni fórmulas para la vida, y que cada una de nosotras somos mujeres particulares y únicas. No debemos actuar, vestir ni comportarnos de determinada manera, sino de la forma en la que nosotras seamos realmente felices.

Mi amiga Marina era una estudiante de medicina muy dedicada e invirtió mucho tiempo dentro de un laboratorio para convertirse en una gran investigadora y curar algunas enfermedades. Un día tuvo una pelea con su jefe, quien se adjudicó el crédito de su investigación y Marina renunció. El agotamiento y el enojo la hicieron cuestionarse y reflexionar sobre el rumbo que tomaba su vida. "¿Vivir a los 30 con tanto estrés y desgaste? De ninguna manera, esto no es para mí." Sus padres se escandalizaron y le aconsejaron que no tirara su futuro por la borda. Después de todo, su progenitor había invertido mucho dinero para que Marina estudiara. Éste le exigió que encontrara otro trabajo y le ordenó que hiciera lo que, en general, muchas mujeres hacen: laborar de sol a luna, casarse, establecerse con un marido, tener hijos y comprar una casa. Marina se resistió, lo enfrentó y le dijo que eso no era lo que deseaba. Inconforme e inquieta, decidió volar para encontrar su paz interior y reinventarse. Dejó España y se dedicó a viajar por Sudamérica. Sus padres aún la cuestionan, alegando que es un desperdicio que a su edad, ahora tiene 35, no tenga una estabilidad ni un marido. Curiosamente, durante su visita a otros países le han hecho varias propuestas para realizar investigaciones, sin embargo, ella se ha rehusado pues aún no se siente lista para retomar su carrera.

Marina y yo nos cuestionamos durante horas sobre qué significa eso de tenerlo todo y tirar tu futuro por la borda. ¿Acaso se trata de vivir la vida que otros quieren para nosotras? ¿Acaso debemos dejar que nos paralice el miedo? ¿Acaso hay que satisfacernos con meras posesiones y olvidarnos por completo del espíritu? ¿Dónde yace el verdadero éxito y la verdadera felicidad?

Marina es un buen ejemplo de que si sigues tu corazón y tu voz interior hallarás el éxito y la verdadera felicidad. Si eres genuina y haces lo que te gusta, la vida misma te recompensará y encontrarás esa alegría que muchos sólo tienen en apariencia. Cuestionarte, romper patrones, desprenderte de la comodidad, ser diferente, auténtica y tener el valor de actuar congruentemente y en armonía con tus pensamientos, son virtudes admirables y poco frecuentes, que en el fondo, estoy segura, muchas mujeres admiran.

Mi padre siempre me dijo que trabajara duro para romper con los patrones y las cadenas generacionales. Poco a poco entendí a qué se refería. Muchas amigas y yo crecimos dentro de una familia conservadora, en la que el padre era el proveedor y la madre ama de casa y jugadora de bridge. Piensa en nuestros antepasados. Algunas personas permanecieron en un mal matrimonio sin importar que estuvieran infelices o insatisfechas. El divorcio en aquellos tiempos, más que una opción, era un escándalo. Mi abuela me decía: "Una debe aguantar, mi hijita". Y yo afirmo, con todo respeto y mi corazón en la mano, que los tiempos y las formas de ver la vida y de vivirla han cambiado. Las costumbres y las conductas con las que se desenvolvieron nuestros padres y nuestros abuelos quizá no sean la mejor opción para ti.

Martina creció en una burbuja y de pequeña fue muy sobreprotegida por su familia. En su adultez, ella se volvió miedosa, indecisa e insegura. Un día aprendió a bucear y, ya certificada, fue a explorar un cenote con el instructor. Todo iba bien hasta que al llegar a una de las cuevas, vio un letrero con una calaca pintada que decía: "Si usted prosigue, seguro morirá". Estas palabras la asustaron y entró en pánico. Sentía que iba a ahogarse, que no podía respirar y que era anormal inhalar oxígeno con un tanque artificial varios metros bajo la superficie. Jaló a su mentor desesperada. Quería subir abruptamente, pero cualquiera que practique esta actividad sabe que se debe ascender poco a poco, de acuerdo con el número de pies que bajas. El instructor no entendía sus señas en el agua. Ella lo agarró fuerte de los brazos y se le quedó mirando. Pensaba: "O venzo mi miedo o me salgo rápido. Ésas son mis opciones: que me gane el temor o tranquilizarme y seguir adelante". Pasó un minuto que a ella le pareció una eternidad y por fin se calmó. El instructor le hizo la seña para subir. Ella contestó que no y prosiguieron su buceo por la oscuridad profunda de las cuevas.

Martina cuenta que aquella experiencia fue como volver a nacer. Tuvo el poder de elección. Era afrontar su temor y transformarse o huir de él y regresar a la forma habitual de comportarse. Contaba riendo: "Gasté mucho dinero y años en terapia sin romper ningún patrón, y de la noche a la mañana, con una buceada de 30 dólares, todo se acomodó. No sé cómo explicarlo, pero ese día algo sanó dentro de mí". Yo le creo, por la manera en la que ahora se desenvuelve: cambió de trabajo, le pone límites a las personas abusivas y se enfrenta valerosa a circunstancias y gente que antes la hacían temblar o dudar de sí. Las amigas nos asombramos de la seguridad que adquirió con sólo bucear. Eso es cambiar desde adentro, lo que yo llamo cambiar de raíz y no de dientes para fuera.

Lucía es otra amiga cercana que vive en Nueva York. Cuando la conocí era una estudiante de derecho. Es una mujer brillante, pero su timidez e inseguridad la hacían sentirse menos. Los hombres con los que se relacionaba se aprovechaban de ella, tal como su padre lo había hecho con su madre. Ella aprendió en casa que la mujer debía mantenerse cabizbaja y nunca darse su lugar.

Al paso de los años se convirtió en una excelente abogada. Entró a trabajar en un despacho muy destacado. Los socios quedaron tan asombrados con su desempeño, que unos meses después le ofrecieron ser socia activa de la firma. A raíz de este éxito, Lucía cambió la percepción que tenía de sí misma y rompió con los patrones familiares y las conductas autodestructivas que regían su vida. Sus relaciones ahora son equilibradas y de respeto. Conoció a Paul y ahora esperan su segundo hijo.

"Atrévete a romper con los patrones de la infelicidad y las cadenas generacionales que arrastras y no te corresponden. Cuestiónate si deseas permanecer en una mala relación por miedo, o por estar acostumbrada a tu pareja. Pregúntate por qué aguantas malos tratos y majaderías de ciertas personas. Recupera y celebra tu espíritu de niña, haz lo que deseas, y despreocúpate de acatar en carne propia los sueños de los otros o de cumplir con sus expectativas. Sigue tu voz interior y tu intuición. Quiérete y poco a poco subirás los escalones que te llevarán a la torre más alta. Forja tu camino y vive tu vida desde tu propia perspectiva y particular punto de vista. Equivócate y aprende. Tienes la posibilidad de escoger, el poder de decisión, el criterio y las herramientas para brincar cualquier obstáculo que se te presente de la manera que tú consideres más conveniente." Esto es lo que me quiso decir mi padre entre líneas.

III. Del feminismo y las luchadoras

Una amiga que es una exitosa banquera me dijo hace poco: "Yo soy el resultado de un feminismo mal entendido". Desde pequeña, el deseo de ser independiente la llevó a fracasar en todas sus relaciones con los hombres. Ahora que es una destacada ejecutiva, se da cuenta de que su autonomía la volvió una mujer dura, controladora y poco hábil para mostrar afecto. *Trabajólica* empedernida, tiene todo en el sentido material, pero se siente insatisfecha en otras áreas de su vida. Dejó ir a su gran amor porque sintió que eso de casarse era un obstáculo para realizarse en el campo laboral. Ahora desea mantener una relación, y aunque por momentos siente que ha perdido mucho tiempo y varios amigos por este enorme malentendido, sigue adelante y creciendo. Poco a poco se ha tranquilizado, es más atenta con las personas del banco y permite que el sexo masculino la corteje y la consienta. Entendió que demostrar afecto y dejarse apapachar no la hacen débil.

Parece que muchos hemos malinterpretado el concepto del feminismo, y como consecuencia, ambos sexos estamos hechos pelotas y no sabemos qué rol debemos interpretar ni como mujeres ni como hombres. Hace poco, un colega de trabajo me pidió que lo invitara a comer. Le dije que no, que si acaso, él me invitara a mí. Me insistió con el argumento de que por ser exitosa, trabajadora y feminista debía llevarlo a un restaurante. Me le quedé mirando y le dije que buscara en los libros la definición y el objetivo de esta corriente.

Nosotras hemos maleducado a los hombres. Somos capaces y tenemos los mismos derechos que ellos, sí. Sin embargo, haberlo logrado no equivale a comportarnos como ellos: a cortejarlos, mandarles flores, guiarlos en una cita, pagar la cena o mantenerlos económicamente. El feminismo tampoco implica ser rudas ni agresivas o duras, ni ser poco cariñosas ni criar a los hijos como si fuéramos sus padres. El éxito, la independencia y la fortaleza que logramos como mujeres debe combinarse con nuestra femi-

nidad, con el estilo, la dulzura, la elegancia y el detalle que nos
caracteriza como género. Mi colega y muchas personas en general no entendemos bien a bien este concepto.

Muchas mujeres me cuentan las tácticas que usan para corte-
jar a un hombre. Lo persiguen y no esperan ni dos minutos para
ver si el sujeto dará el primer paso. Dicen cosas como "Ahora
es diferente." O "Es tímido". O "Necesita que lo motive." Yo
aseguro que este comportamiento es un arma de doble filo. La
realidad es que el hombre que nos desea hará lo imposible para
que caigamos rendidas a sus brazos. No te escudes bajo el feminismo ni pierdas el tiempo con un hombre que no te procura,
no te llama y no te consiente. Lo más seguro es que se comporta
de esa manera porque no le interesas. Ya llegará el indicado y no
un estúpido que busque tu compañía sólo para pasar el tiempo
y divertirse contigo durante una noche.

Sara, la vecina de mi tía, tuvo dos hijas. Su esposo la aban-
donó cuando nació la segunda y tuvo que salir adelante por sus
propios medios. Para ella, el significado del feminismo se trans-
formó en sinónimo de dureza y de no dejarse. Puso un negocio
e hizo mucho dinero con él, pero empezó a tomar en exceso y se
volvió avara, envidiosa y rencorosa. Mi tía concluye que fue su
manera de esconder su dolor y mostrarle al mundo de qué era
capaz, pero que en el fondo sigue hecha pedazos. Ahora vive sola y su negocio va en picada. Diario se pelea y utiliza la violencia

como medio para ganar respeto. Es muy triste ver cómo la gente se aleja de ella y se va quedando sola.

Yo concluyo que es muy distinto ser luchadora a ser guerrera. Esta última se transforma y afronta sus miedos. Fíjate en la princesa Leia de *La guerra de las galaxias*. Al principio se hace la fuerte y niega su amor por Han Solo. Poco a poco se va transformando y, aunque sigue siendo la cabeza del imperio —en nuestra realidad tradúcelo a jefa exitosa—, por fin se abre y se permite enamorarse hasta admitirle libremente a Han que lo ama.

Tristemente, en su afán por ser independientes y fuertes, muchas mujeres ven el cariño y la vulnerabilidad como sinónimo de debilidad. Se tornan defensivas, se protegen con un caparazón y se rehúsan a tomar las riendas de esta parte de su vida. Se quedan solas, se esconden detrás del trabajo y aunque en apariencia lo tienen todo, se sienten incompletas. Agreden con frases como: "Yo no necesito de ningún hombre ni de nadie". O "Más vale cabrona que bonita." Yo digo que en el fondo, todas deseamos ser queridas aunque aparentemos lo contrario. Mostrar cariño y ser sensible no te hace menos exitosa. Tampoco el dejar que te cortejen o te mimen. La independencia no es sinónimo de agresividad. Hay que quitarnos la máscara de luchadoras y empezar a vivir como guerreras. Hay que disfrutar y celebrar nuestra naturaleza como mujeres.

Aún no la conozco personalmente, pero me agrada la imagen que proyecta Angelina Jolie, porque además de ser guapísima, tiene carácter. Adoptó y crío a dos niños. En el ínter, hizo varias películas, viajó por todo el mundo y se convirtió en un elemento invaluable para la ONU con sus labores sociales. Ganó muchísimo dinero y lo compartió con los más desafortunados. Todo lo hizo ella misma, sin ayuda de nadie. Luego, su camino coincidió con el de Brad Pitt. Lo cierto es que además de su éxito profesional, vive su feminidad, es madre y tiene una pareja.

Ciertamente, podemos prescindir de un señor Pitt para realizarnos, sin embargo, es bonito compartir nuestra vida con alguien especial. Las historias de amor formadas por una emprendedora mujer y un hombre hecho y derecho sí existen. El éxito no está peleado con la feminidad ni con tener una relación estable y de cariño. Podemos destacar en lo laboral y tener una pareja que contribuya a nuestra felicidad o gozar de nuestra soltería y conquistar tierras y reinos inimaginables.

IV. Tendencias suicidas

La imagen que tienes de ti misma va muy ligada a tu autoestima. Si no la tienes, si piensas constantemente que eres un fracaso, que estás fea o gorda, que no eres muy lista, que dependes de los demás, que no puedes salir adelante sola, que no eres digna de que te manden flores o te inviten a cenar, estás en serios problemas. Empieza por verte a ti misma y trabaja duro en tu interior para creértela.

Tengo una amiga por la cual siento mucha admiración y respeto. Llamémosla Silvia. Desde siempre ha contado con todo lo necesario para hacerla y llevar una vida plena y satisfactoria: guapa, con personalidad, sana, con un departamento divino, una perrita adorable, amigos, viajes, un trabajo que le gusta y una buena relación con sus padres, su único problema fue que a los 29 se divorció.

Luego de eso, se deprimió y empezó a aislarse. Las pocas veces que salíamos se presentaba fodonga y desarreglada, sin importar a dónde la invitáramos. Me preocupé mucho por ella. No era la Silvia que yo conocí desde la infancia. Descuidó su apariencia y enflacó de más. Parecía una catrina salida de un cuadro de Posada que en cualquier momento se quebraría. Además, ponía pretextos para no vernos y permanecía encerrada en su casa por periodos muy largos. Al principio de un duelo esta actitud es normal, pero al cabo de unos meses me di cuenta de que su dolor la destruía y estaba sumida en una fuerte depresión.

Puede ser que, como Silvia, te sientas tan mal que te olvides de cuidar tu aspecto físico e incluso de comer también. Es el momento de pedir ayuda. Ella no lo hizo. Su depresión culminó con un intento de suicidio al ingerir un coctel de pastillas. Afortunadamente, su nana la encontró a tiempo y no logró quitarse la vida. Ahora, después de mucho sufrimiento y esfuerzo para salir adelante, se ríe de ese turbio pasado y dice: "Terminar con mi existencia a los 29… ¿qué estaba pensando?"

Muchas veces la vida nos golpea y atravesamos por periodos oscuros que nos hacen caer al fondo de un abismo negro. Sin embargo, aunque en un principio nos sintamos desoladas, siempre encontraremos una salida y tendremos la posibilidad de seguir adelante. No hay mal que dure cien años. Gracias a todas estas experiencias dolorosas nos volvemos más fuertes y sabias. Nuestra vida carecería de sentido y se tornaría aburrida si todo fuera color de rosa. Lo que no te mata, te hace más fuerte, dice el dicho.

Mírate al espejo. ¿Vale la pena, siquiera, considerar terminar con tu vida por una persona que no es para ti? ¿Quieres permanecer infeliz en una relación con un hombre que te engaña con otras mujeres? ¿Te sientes tan sola que estás dispuesta a hacerte de la vista gorda y vivir en la desdicha? ¿Te quedas en una mala dependencia porque te sientes incapaz de emprender o realizar alguna actividad para hacer dinero y empezar a mantenerte? ¿Tienes hijos y no te atreves a separarte porque desconoces tu potencial y qué hacer para sostenerlos tú misma? ¿Deseas que te rescate un príncipe azul? ¿Te sientes con las manos atadas? ¿Te da miedo la soltería? Si respondes que sí a alguna de estas preguntas, esto es una alarma roja para ti.

V. El peor de los mitos: un hombre y una mujer no pueden ser amigos

Siempre se ha debatido sobre este punto: un hombre no puede ser amigo de una mujer ni viceversa. En una de mis películas favoritas, *Cuando Harry conoció a Sally*, ésta es la premisa que sostiene él durante gran parte de la historia. Con el paso de los años, sin embargo, ambos se vuelven grandes amigos aunque al final, luego de muchas peripecias, terminan enamorándose.

Existen hombres que opinan como Harry y no ven a las mujeres como posibles cómplices. Mis amigas y yo hemos lidiado frecuentemente con este extraño comportamiento masculino. Si te abres e intentas entablar una amistad con alguno de éstos, te darás cuenta de que frecuentemente se asustan y huyen despavoridos. Me explico: si en un encuentro casual, como una cena o una reunión, el chavo que recién conoces te cae bien y te parece interesante —no has ni siquiera considerado tener nada con él más que una amistad—, y al día siguiente del convivio decides enviarle un mensaje para agradecerle la velada y le pides que te cuente más sobre su vida o sus historias del viaje que realizó a Timbuctú, este hombre seguramente no te contesta ni te vuelve a llamar. Peor aún si te lo topas por casualidad en la calle, porque el saludo resulta desconcertante y muy raro.

A mí me parece insólito que si un bombón te cae bien, te reprimas y dejes de fomentar una amistad con él. ¿Qué tiene de malo hacerle saber a un hombre que te parece interesante o que quieres saber más de él sin involucrarte sexual o sentimentalmente? Siento que ellos no distinguen a las mujeres adueñadas de sí y en control de su feminidad.

Le he preguntado a mis amigos a qué se debe que muchos hombres tengan esta reacción tan cortante, y afirman que la mayoría de ellos huye pues concluyen que efectivamente todas las solteras estamos urgidas de que nos rescaten y que mostrarnos un poco interesadas es señal de que deseamos andar con ellos y casarnos. La realidad es que, a pesar de lo que piensen estos *príncipes*, muchas mujeres célibes sólo buscamos ampliar nuestro círculo de amistades y tener una compañía amena con la cual compartir una buena plática, salir a cenar o ir al cine ocasionalmente. Desgraciadamente, éste es uno de los patrones de conducta latentes en muchos, con el que mujeres interesantes, independientes y hermosas tenemos que enfrentarnos a diario.

Yo opino que un hombre y una mujer sí pueden ser grandes amigos. Recuerda a tus cuates de la infancia o piensa en los actuales. Quizá al principio hay que traspasar esa barrera de la tensión sexual. La puede haber en ambas partes, o de un solo lado. Una vez que vences la libido y el deseo, o logras transformarlo, juntos ven el alma de la otra persona y allí, sin sexo ni pasión, nace una amistad importante para tu vida. Muchos amigos me hablan para consultarme cuando tienen problemas con otras mujeres y yo me apoyo en ellos cuando no entiendo a los hombres. Ambas partes sostenemos una relación que nos retroalimenta y nos enseña acerca del uno y del otro.

Resulta agradable tener un hermano cercano del sexo opuesto con el que puedas convivir sin enredos ni malas interpretaciones ni celos ni preocupaciones de cómo luces o qué estará pensando, ni si te está juzgando o no. También te sientes protegida porque tienes a tu lado a un hombre que te cuida. Es más divertido aun cuando es soltero como tú, porque se platican las aventuras que les deparan las salidas nocturnas y hacen cualquier cantidad de travesuras juntos. Compartes las comidas domingueras mientras tus demás amigos están con sus parejas y sus hijos. Andas en moto con él, expresas tu descontento, lo invitas como tu acompañante a una cena, platicas horas sobre el enigma de las relaciones y las historias del corazón y expresas tus ilusiones de que entre un nuevo amor en tu vida. Él también se abre y te cuenta de la mujer de sus sueños. Los amigos te acompañan y son como una suerte de parámetro que nos ayuda a entender un poco más sobre la especie masculina y sobre nuestras complejas relaciones con ellos. Te explican cómo piensa su género y qué se puede esperar. Son grandes cómplices. Ellos también la pasan mal y muchas veces poco entienden de las cosas que hacemos o sentimos como género. Por esto, es enriquecedor compartir puntos de vista y tratar de entendernos como seres humanos.

Existe otro gran mito: la falsa creencia de que no podemos ser amigas de nuestros ex novios. Mi amiga Camila es prueba de que esto sí es posible. Tuvo un novio, Juan, quien antes de conocerla vivió con otra mujer que también se llamaba Camila. Curiosamente, además de compartir el nombre, tenían el mismo signo zodiacal. Las dos eran Sagitario: una nació el 7 y la otra el 8 de diciembre. El caso es que al principio de la relación con Juan, mi amiga no entendía por qué él insistía en frecuentar a su ex ni por qué mantenía una amistad cercana con ella. Muchas veces discutían terriblemente por esto. Paulatinamente y un poco por sugerencia de Juan, se abrió a conocer a la otra Camila. Cuando se dio cuenta de que entre Juan y su ex no había nada más que una gran hermandad, afrontó sus miedos y se deshizo de las inseguridades que la acosaban. Entendió que sus celos no estaban fundamentados con hechos, que su actitud era más bien una reacción aprendida que muchas mujeres practican, y que cuando acabas un romance hay casos en los que vale la pena conservar una amistad. Muchos de nuestros malos amores se pueden transformar en grandes amigos. Es posible mantener un estrecho vínculo con alguien que fue tu pareja, y en ocasiones, resulta mucha más exitosa la relación llevada a este plano amistoso. Camila entendió esto y descubrió esa necesidad en sí misma. Aun ahora, luego de su separación con Juan, las dos siguen siendo muy cercanas.

La contraparte de esto es que hay hombres diferentes a Juan que ponen una barrera, y una vez que terminan una relación, jamás se vuelven a acercar a ti, aunque la cosa no haya terminado mal. Esto es un enigma del que poco entiendo. He buscado respuestas para comprenderlo, pero ni mis amigos me lo pueden explicar desde su punto de vista varonil. Me parece triste que alguien a quien quieres e intuyes que te quiere, se aleje de tu vida. A pesar de los esfuerzos que realices por hacerle sentir que sólo quieres una amistad y que te da gusto que haya rehecho su vida con otra mujer, se distancia. Es un fenómeno frecuente. Pienso en algunas personas que me gustaría que estuvieran presentes en mi vida. Los extraño y me gustaría seguir compartiendo con ellos lo que me pasa. Sin embargo he tenido que acostumbrarme, dejarlos ir por así decir, aunque no lo entienda. Como me dijo un gran amigo hace poco: "Ni trates de descifrar las razones por las que lo hacen. Cada cabeza es un mundo".

VI. Homenaje a mis amigas y enemigas

Estoy en la edad en que muchas de mis amigas se casaron, o viven con una pareja, o tienen hijos, o se mudaron de país, o se entregan al trabajo de lleno, o enviudaron o se divorciaron. Aunque no nos vemos muy seguido, mis amigas son mis amigas, yo soy parte de ellas y ellas de mí. Cuando nos juntamos, hacemos cenas que terminan al amanecer, con pláticas interminables en las que nos exorcizamos y conversamos de todo lo que pensamos y sentimos. En las reuniones nos reímos mucho y es un desfogue para todos los problemas que nos pesan. Celebramos nuestros éxitos y compartimos nuestras fallas y los patrones que seguimos sin romper. Hablamos de lo que nos gusta y nos disgusta de los hombres, de las mujeres y de la vida en general. Es un espacio en el que nos desenmascaramos por completo.

Las amigas también son grandes compañeras. Cuando me siento triste puedo ir con ellas a cenar, o al cine o a un museo. Mis amigas están pendientes de mí y yo de ellas. Con algunas cocino, con otras voy a fiestas o puedo viajar a un país lejano. Mis amigas me han sacado de momentos difíciles, me han apoyado y han fomentado mi fortaleza. Han creído en mí y me han dado la oportunidad de crecer como persona y desarrollarme profesionalmente. ¿Qué puedo decir de las amigas que tengo? Que cada una es admirable y una guerrera. Que cada una es particular y única. Por eso son mis amigas. Cada una me inspira de forma diferente, me enseña a partir de sus vivencias y las quiero mucho. Mi amiga que vive en pareja, la poeta, la que es madre, la divorciada, la trabajadora exitosa, la que hace arreglos florales, la que vive fuera de México, la que está deprimida, la que está en aprietos económicos o la que no quiere ver su realidad, todas son mis amigas para siempre. A las amigas no les podemos mentir. Cuídalas, apapáchalas, ayúdalas y mantenlas cerca. Escucha sus consejos y saca tus propias conclusiones. Frecuéntalas cuando tengas novio. Busca espacio para ellas, procúralas, que siempre están allí para ti. Las relaciones que establecemos con los hombres van y vienen, sin embargo, las amigas se mantienen presentes y su cariño y amor son incondicionales.

Del otro lado de la moneda están las enemigas. Si son mujeres guapas, carismáticas, exitosas, fuertes y emprendedoras, e incluso son apreciadas por un hombre que queremos, tendemos a tratarlas como adversarias y a verlas como una amenaza. Es un hecho que entre nosotras somos muy competitivas, celosas e inseguras. Por alguna extraña razón, lejos de formar una hermandad con ellas, les declaramos la guerra desde el principio. Somos rivales y si alguna no nos cae bien porque tiene talento y hace bien su trabajo, o anduvo con nuestro actual novio, o simplemente porque está bonita, haremos lo imposible por alejarla de él y le pondremos trabas o le dificultaremos el camino y haremos que otras mujeres le hagan la vida de cuadritos.

Claudia creció con Paco y mantuvieron una amistad desde la infancia. Cuando éste comenzó su relación con Lupe, dejaron de frecuentarse. Un día se encontraron en un bar y, acto seguido, Lupe desenvainó la espada y se fue directito en contra de Claudia. A pesar de que sabía que eran muy cercanos y conocía el historial y el lazo que hay entre ellos, Lupe la percibió como una amenaza. Sin fundamento alguno, sentía celos y aberración por Claudia. Durante todo su noviazgo con Paco, jamás hizo el mínimo esfuerzo por conocerla y además los distanció.

Yo soy de la opinión, como Camila, de que debemos abrirnos a conocer a otras chicas carismáticas y guapas, que además son queridas por los hombres que están en nuestras vidas. Piensa que si tu novio actual anduvo con ella es porque seguramente es una mujer ejemplar como tú y que puede aportarte algo. Primero hay que conocerlas para luego decidir si deseamos entablar una amistad o no con ellas. Es absurdo entrar a degollarlas nada más porque sí, sin siquiera conocerlas de antemano o porque nos amenazan en lo laboral.

Te invito a que reflexiones y afrontes los miedos e inseguridades que evoca en ti esa mujer que tanto aborreces. Conócela y si luego, con fundamentos, no te cae bien, aléjate. Nunca sabes lo que pueda pasar. Puede ser que esta mujer que tanto disgusto te causa, se convierta en una de tus mejores amigas.

VII. Mujeres que corren con lobitos

Es cierto que actualmente andar con un hombre menor está de moda. Demi Moore y Ashton Kutcher son un ejemplo de esta realidad contemporánea. Confirma que aquel dicho, en el amor y en la guerra todo se vale, continúa vigente. Es evidente que entre las diversas formas de compartir amor y vivir en pareja no se reconocen edades ni sexos.

Conchita, de 36 años, vivió con un chavo 12 años menor que ella. Lo conoció en el ámbito de trabajo y se hicieron buenos amigos. Un día ella descubrió que este muchacho le gustaba. Le atraía su físico y su manera de ser. Era hogareño, tranquilo, le gustaba cocinar y contar historias. A ella le parecía un poco extraño que le agradara tanto su compañía. ¿Estaba enloqueciendo? ¿Era normal este sentimiento? ¿Cómo era posible que después de estar casada con un hombre mayor que ella, le gustara un chavo menor? Le pareció escandaloso y se autojuzgó a tal grado que cada vez que se topaba con sus vecinos, les aclaraba que él era un estudiante al que le estaba dando asilo temporalmente para ayudarlo. "Yo no soy Demi Moore", decía Conchita.

Empezó una relación a escondidas y pasó muchos meses alejada de sus amigos. Su vida social se nulificó y sólo pasaba tiempo con él. Un día tuvo el valor de platicárselo a Carmen, quien lejos de juzgarla le dijo que si había encontrado el amor, estaba haciendo lo correcto. Fue con esas palabras que Conchita salió de aquel trance. ¿Había encontrado el amor? ¡Para nada! Lo único que había encontrado era un refugio a su soledad. Había encontrado un tapahuecos y el elefante rosa estaba en su sala. Su historia terminó un primero de enero, cuando descubrió un mensaje en el celular de su principito escrito por su verdadera doncella, una niña hermosa de 20 años que le decía: "¡Te quiero, bombito! ¡Feliz año!"

En el fondo, Conchita supo que aunque lo quería mucho, no lo amaba. Empezó a salir con él para no afrontar sus miedos. Cuando se miró con detenimiento, cayó en la cuenta de que lo que verdaderamente la atemorizaba era convivir con hombres de su edad o mayores que ella. Luego de su divorcio se sentía muy insegura y se involucró con este joven para sentirse más protegida y en control de sí misma.

Si te sientes incómoda o andas con alguien que no te llena del todo, busca la razón de por qué lo haces. Todas somos diferentes y las motivaciones por las que nos enganchamos con ciertas personas siempre son distintas. Puede ser que como Conchita temas a que te rechace un hombre hecho y derecho, por lo que prefieres alejarte de éste y buscas la compañía de tipos que no son los adecuados, o andas con alguien con quien sabes que no llegarás muy lejos, o tienes tan baja autoestima que te conformas con cualquier fulano. Tarde o temprano tu relación terminará y tendrás la opción de escoger entre el cambio o justificarte nuevamente con frases como "peor es nada" o "yo no valgo nada". Al final del día permanecerás igual de vacía y vivirás tu profecía autorrealizada. Eres tú, sólo tú, quien puede identificar qué haces y por qué, para luego cambiarlo.

Cuando estás contenta en una relación, no te importa lo que opinan los demás. Si estás realmente enamorada de alguien más joven, de un gordo o de un sapo, lo gozas. Lo gritas a los cuatro vientos si estás convencida. Si por el contrario, lo escondes, o te evoca tristeza o te incómoda, analiza y entiende por qué estás con esa persona. Anímate a terminar con esa relación que no te hace bien y que te hace sentir minimizada. Con el tiempo llegará alguien nuevo, con el que puedas compartir tu vida. Todo está en tu mente y puedes elegir cambiar. Recuerda que muchas veces, el infierno lo creamos y lo decoramos nosotras mismas.

VIII. La soltería como una decisión

Debo confesar que, contrario a lo que piensa mi familia, no está dentro de mis planes permanecer en continuo estado de soltería. Sueño con despertarme al lado de un hombre que me parezca divino, hecho y derecho, que me procure, que me consienta, que me admire y me trate como reina, con el que comparta y pueda filosofar horas enteras y seguir creando a su lado. Sin embargo, la realidad es que en estos tiempos es difícil encontrarlo.

Bien a bien no sé a qué se deba este fenómeno. Parece que vivimos la peor crisis de amor y de relaciones jamás registrada en la historia. Muchas series de televisión han expuesto el dilema mundial por el que atravesamos actualmente, como sucede en *Sexo en la ciudad* y *Cómo conocí a tu madre*, por nombrar sólo algunas. Vivimos con una rapidez desmedida y en un mundo globalizado que se destruye por segundo, en donde los conceptos de pareja, matrimonio, amor, compromiso, incluso unión libre, se han sustituido por *ménage a trois*, amigos cariñosos, amantes, *fuck buddies*, amor de una noche, el de los viernes, un *quickie*, la semanal, no compromiso, etc. Es un hecho que en una gran urbe como la Ciudad de México no pululan los buenos partidos en las calles ni en los bares ni en las librerías ni en el trabajo. Los hombres no quieren compromiso y la mayoría busca divertirse. Para muchos, mujeres incluidas, el sexo ha perdido su sentido místico. Se ha convertido en una actividad común y rutinaria como lo es ir a desayunar o al mercado. Se ha desmitificado el rito y la magia erótica. Ahora el sexo es una especie de sucursal de comida rápida ambulante, *l'amour a la carte* en tan sólo cinco minutos.

Todas estas modas y nuevas formas de pensar del siglo XXI reducen nuestras opciones y oportunidades de conocerlos. Por si fuera poco, también buscamos en los lugares equivocados. Piensa en los hombres con los que has salido de tres años para acá en tu persecución del amor. Con suerte se apareció tu marido o una pareja estable e increíble, pero si estás leyendo este libro, te pasa como a muchas: sólo te enfrentaste con ilusiones de amar y de ser correspondida por el estúpido príncipe azul, con amores fugaces, romances de una semana, acostones de una noche, amigos, hermosos partidos potenciales que están casados o comprometidos con otra mujer, engaños, mentiras, decepciones y demás.

Yo he conocido de todo: ingenieros, arquitectos, vagos, artistas, bohemios, drogadictos, franceses, españoles, feos, guapos, simpáticos, y actualmente soy soltera por decisión. Más vale estar sola que mal acompañada, dice el refrán.

Mucha gente cercana a mí ha cuestionado mi preferencia sexual o piensan que soy una especie de *freak* o anormal por el hecho de estar soltera y no consideran todo lo que he citado en los párrafos anteriores. Mi familia se la pasa preguntándome por qué no tengo pareja. Dicen cosas absurdas como: "Sal con el hijo de mi amiga". O "¡Apúrale Ale, que quiero nietos!" O "Lo que te falta a ti es un novio." Yo pienso que deben considerar la realidad de los tiempos en que vivimos y la posibilidad de que una mujer guapa y exitosa pueda prescindir de una relación y sentirse feliz.

El ser soltera es un enorme regalo temporal que hay que saber aprovechar y disfrutar mientras lo tenemos. En vez de lamentarte por la sequía que atravesamos y la crisis amorosa mundial, aprovecha este tiempo para conocerte más a ti misma y ver las millones de posibilidades que te aguardan. Medita, practica algún deporte, trabaja y gana dinero, lee un libro, cambia de *look* y córtate el cabello. Reinvéntate. Conoce gente, vete sola de viaje a un lugar que no conozcas, haz algo nuevo y descubrirás muchas cualidades de ti que te harán más segura para cuando llegue él.

Mi peor aventura en busca del amor fue con un tipo que llamaré "el cobrador", que era arquitecto. En apariencia era un hombre encantador, no muy guapo, pero sí muy *sexy* y cachondo. Lo conocí en una cena y poco a poco caí en sus redes. Para cuando me di cuenta, le creí todas las frases trilladas que me dijo y sentía algo por él. Me pareció extraño que jamás me llamara de día. Lo suyo era la cosa nocturna. A las cuatro de la mañana me procuraba, jurándome que yo era el amor de su vida y que desapareció varias semanas porque tenía mucho trabajo. Al principio me tragué todo el cuento. Sucumbí una vez, dos veces, y a la tercera...

Un día, un amigo cercano me habló desesperado porque le cayó un proyecto enorme y no encontraba a otro arquitecto con el cual asociarse para cerrar el negocio. Lo oí tan exasperado, que a pesar de mi enojo y la fiera que había despertado en mí, le recomendé a "el cobrador" para el trabajo. Al principio fui grosera con él, pero poco a poco mi coraje se fue disipando y hasta lo perdoné. Sus llamadas nocturnas cesaron. Se dedicó a evadirme y nunca me preguntó por qué lo ayudaba. Luego de que terminó la obra, jamás me dio las gracias por recomendarlo. Además de que no estaba interesado en mí, "el cobrador" era maleducado y poco agradecido. Después me enteré de que en esas semanas que había "trabajado como hormiguita" se había involucrado con otras mujeres que eran conocidas mías. Supe que le había ido mal en la feria y que estaba destrozado por su divorcio con una mujer muy guapa que lo había engañado con otros hombres. Ahora se dedica a cobrar su dulce venganza contra el género femenino: todas debemos pagar, parejas, los platos rotos que rompió su ex mujer.

En el fondo, si eres inteligente y tienes autoestima, sabes que hay muchos cobradores allá afuera que tienen rencor porque han sido heridos por otra mujer. Lo único que puedes hacer es estar alerta y salir corriendo, pues lejos de poder ayudarlos, estos chavos necesitan procesar su dolor a solas.

He vivido muchas historias con hombres, unas más entrañables que otras, y de ninguna me arrepiento. Con estas experiencias he ido aclarando lo que busco en una pareja. No me voy a conformar con un hombre X ni con migajas de ninguno. Tú tampoco te resignes. Vive plena y contenta, hasta toparte con él. Llegará. Viene en camino. Mientras tanto, sal con tus amigas, diviértete, amplía tu círculo social, arréglate bonito y conoce a muchos galanes. Aprende de ellos. Goza y experimenta, que la vida se vive ahora. No te encierres en tu casa ni te deprimas. Comienza a ver el vaso medio lleno y no medio vacío.

IX. Las bondades de la soltería

Según el diccionario de la Real Academia Española, en su vigésima primera edición, la soltera se define en el inciso *b* como suelta o libre. Y efectivamente ésa es una de las tantas bondades de la soltería. Podemos ser más sueltas y sentirnos más libres cuando no tenemos pareja. Patty decía: "No tengo responsabilidades ni afectos que me aten aquí, no tengo nada que perder, así que me voy". Y sin más, cerró su departamento y se fue a vivir a otra ciudad.

Muchas mujeres se sienten mal por ser solteras y pasan el tiempo lamentándose de su situación en lugar de aprovecharla para conocerse más. Ojalá se permitieran explorar y reconocieran que este estado civil es ventajoso y que permite mirar tu alma y aprender cosas que desconocías.

Estar soltera es una oportunidad para aventurarte y dejar atrás las comodidades de la rutina y de lo familiar, experimentar y adentrarte a otros mundos que te son ajenos. Asimismo, es muy ameno convivir con los vecinos del barrio, o llegar a tu casa después de una larga jornada de trabajo y abrir el refrigerador que está repleto de la comida que te gusta, echarte en la cama y envolverte con las sábanas de algodón egipcio, el edredón de plumas que tú solita te compraste y disfrutar de una buena serie televisiva sin que nadie te moleste. Fumarte un cigarrito en la cama si te place. Despertarte a la hora que quieras. Disfrutar de tu hogar, de un baño de burbujas, de una canción chusca y una película cursi sin tener que esconderte para verla. No hay más, simplemente consentirte. Piensa que las bondades de la soltería son interminables. Fíjate a tu alrededor y escucha a tus amigas con pareja. No conozco a una que no desee pasar unos días aprovechando al máximo su tiempo sola.

La soltería te da espontaneidad. De un momento a otro puedes decidir irte de viaje, cambiarte a otro país, desaparecerte un fin de semana, no contestar el teléfono o salir de parranda con los amigos hasta altas horas de la madrugada. No hay preocupación de qué dirá el otro ni cuentos que contar ni a quién ceder tu espacio ni con quién negociar ni escuchar quejas diarias de cómo apachurraste el tubo de la pasta dental. Ni horarios ni explicaciones de dónde estuviste ni con quién. Ni escándalos porque platicaste con fulano toda la noche. También aprendes a valerte por ti misma: deshacerte de un alacrán que ronda en tu sala, prender el calentador, llevar tu coche al taller y poseer una caja de herramientas para lo que se ofrezca. Dentro de las muchas bondades de la soltería, el máximo reto es perder el miedo, vivir feliz contigo misma y aprender a disfrutar de lo que venga.

Tengo un par de amigas que se rehuyen y saltan de una relación a otra. No han terminado una, cuando ya iniciaron otra. Generalmente no duran más de 15 días con el sujeto en turno. Viven en un movimiento perpetuo preguntándose porqué no proliferan sus relaciones o sin saber qué hacer cuando están solas. También tengo amigas que se quedan en una relación que ya terminó por comodidad y porque no saben cómo ingeniárselas por sus propios medios. Hay otras que truenan y luego regresan con el tipo que las maltrata y las engaña, conformándose con él porque aprendieron esto de su padre y de sus hermanos. Aunque son hermosas, tienen tan baja autoestima, que permiten el abuso y se creen incapaces de rehacer su vida solas o al lado de un hombre que las venere y que sea más sano. Están cerradas y se tornan defensivas con cualquier confrontación o invitación al cambio. En ocasiones, incluso me ha tocado que defienden al fulano en cuestión.

La realidad es que se puede vivir contenta y realizada sin estar al lado de un hombre. A veces es difícil y nos sentimos solas. Cuando esto sucede perdemos perspectiva y nos olvidamos de apreciar los regalos diarios de la vida. Una puede reponerse de una mala relación, o dejar a un tipo abusivo, conseguir un trabajo, pagar las cuentas y pasarla muy bien mientras llega el indicado. Aprendes a ser autosuficiente y conoces el verdadero significado de la independencia. Puedes ser tú absolutamente y no tener obligaciones con nadie más que contigo.

Disfruta de tu soltería mientras despierta en ti la introspección y claridad para poder elegir a una persona más adecuada y que te respete. Aprende a distinguir entre la soltera por decisión y la luchadora amargada, entre solitaria-sola y soledad. Esta última te enseña cosas de ti, te obliga a conocerte y a desmenuzarte. A estar contigo misma. En cambio, cuando te sientes sola, te sientes mal, te sientes necesitada o que nadie te quiere y que tu vida no vale nada. Sientes un gran vacío y buscas llenarlo con cualquier cosa.

Estamos tan mal acostumbradas, que no sabemos vivir en soledad. Creemos que estar con alguien más nos sacará de nuestra mísera existencia. Pero te equivocas: aunque intentes escapar, algún día ese vacío te alcanzará y te arrepentirás de no haber abierto los ojos ni de escucharte. Te entristecerás por no haber vivido como lo soñaste y por no haber aprendido a ser feliz sola. Te lamentarás por haberte conformado, por haber perdido tanto tiempo con el fulano, por no haber hecho las cosas que deseabas hacer, por no afrontar tus temores y por no haber experimentado más. Como dicen por allí: "Hay que besar a muchos, muchos sapos, para encontrar al sapo mayor".

X. El baúl de los sueños

No sé por qué mi tía Consuelo se enoja cada vez que le pregunto si todavía hace el amor con su marido. Olvido que es de otra generación, en la que hablar del sexo como parte natural de la vida es inadecuado. ¿Para qué negarlo? Todas somos entes sexuales. Hay muchas mujeres que expresan libremente su sexualidad y la viven. También ayuda compartir con otras nuestras inquietudes y dudas al respecto. Hablemos o no de ello, somos apasionadas y atravesamos por un momento único de nuestra plenitud y clímax sexual.

Siendo soltera, puedes llevar una vida sexual activa, sana y libre de enfermedades venéreas. Ese mito de que las niñas bien no copulamos, o somos golfas si decidimos tener sexo, corresponde a las generaciones pasadas y es un juicio erróneo que crearon hombres e instituciones conservadoras con una mentalidad que poco entiende de la naturaleza humana. Todas las mujeres tenemos deseos sexuales disfrutamos y los gozamos a la par que ellos.

Una gran diferencia que tenemos con el sexo opuesto es que nosotras generalmente unimos lo sentimental con la cama. Muchos hombres, cuando se acuestan, bloquean sus sentimientos y se desconectan de cualquier lazo profundo que pudiera dar indicios de que su entrega carnal se convierta en una relación llevada a un plano más serio. Colocan un muro en sus relaciones sexuales, por lo que les es más fácil ir de cama en cama sin remordimiento y sin sentir nada que no sea mero placer. En contraparte, nosotras esperamos que este guapo con el que compartimos la almohada anoche, nos hable al día siguiente y nos invite a cenar.

Como mujer, es sano pensar en una relación sexual y también vivirla, aunque libres como somos, tampoco se trata de autodestruirnos al acostarnos con el primero que se nos ponga enfrente y luego preguntarnos por qué no volvió a llamar. Está el clásico "Estaba borracha y me acosté con él". O "Me dijo cosas tan hermosas que le creí." No tenemos 20 años: somos mujeres independientes con criterio y ciertos deseos carnales que van acorde con nuestra naturaleza femenina. Simplemente hay que distinguir en dónde y con quién expresarlos, y en qué momento y con qué hombre sólo imaginarlos y guardarlos en un baúl de sueños. Podemos optar por no actuar en cada impulso sexual.

Rosa tenía cierta atracción por los piratas. Decía que en una vida pasada, ella había sido raptada por un Jack Sparrow. Así, el rol que interpretó Johnny Depp en la película *Los piratas del Caribe* se convirtió en su mayor fantasía sexual, y en todo lo que un corsario real y moderno debiera ser. Para no hacerte el cuento largo, un día conoció a un excéntrico millonario que tenía un yate. Ingenua como es, le pidió en varias ocasiones que la llevara a altamar. El adinerado siempre se negaba, inventando alguna excusa para no zarpar. Sin embargo, le contaba grandes historias de sus travesías por los océanos, entre ellas, que había navegado alrededor del mundo cuatro veces. Ella cayó redondita y pensó que había encontrado a su Jack Sparrow. Meses después se enteró de que este excéntrico magnate, de marinero y de pirata no tenía nada. El hombre no sabía navegar y los patrulleros marítimos tuvieron que rescatarlo cuando su barco se hundió a pocas millas del embarcadero. Así de rápido terminó la fantasía sexual de Rosa en mar abierto con un pirata del siglo XXI.

Un día Marce acompañó a Ana al doctor. Éste tenía el pelo largo y *look* como de Albert Einstein, muy atractivo. Marce le calculaba unos 56 años. Durante la visita, se dio cuenta de que el *doc* tenía muchos conejos sobre su escritorio y le pareció curioso. Chicos, medianos, grandes, de colores, de madera, de metal... Cuando el médico salió por una receta, Marce le preguntó a Ana: "¿Has visto cuántos conejos tiene?" Ana sonrío y replicó ingenua: "Seguro que su signo en el calendario chino es el conejo". En eso, él regresó al consultorio, terminó de explicar a Ana qué medicinas debía tomar, y al despedirse, Marce no pudo aguantarse y le preguntó: "Oiga, doctor, ¿por qué tanto conejo?" El especialista sonrío y dijo: "Es que a los conejos les gusta estar apareándose... nada más..." Desde entonces el Doctor Conejo se convirtió en la mayor fantasía de Marce.

En una de las cenas que organicé con mis amigas, Elena nos contaba muerta de risa que acostarse con uno de los chavos con los que trabaja era su máxima fantasía sexual. Lo encontraba hermoso y se había formado mil historias en su cabeza sobre una velada romántica. Por supuesto, no sucumbió a sus deseos carnales, el hombre estaba casado y cada vez que Elena lo veía, metía sus pensamientos en el baúl de los sueños.

Es sano reconocer tu parte sexual y expresarla sin miedo. Nos gustan los hombres y nos gusta el sexo. Tenemos la libertad de escoger si deseamos concretar en carne propia cada impulso sexual que sentimos o si lo guardamos en nuestro baúl de sueños. Ojalá que las malas experiencias que has tenido, en vez de aprisionarte, te hagan más fuerte. No te juzgues si realizaste algo que te hizo sentir mal. Todas cometemos errores y hacemos cosas que nos rompen el corazón. La pelota está del lado de tu cancha. Siempre tienes la oportunidad de cambiar. Piensa en el truco del baúl de sueños. Si ejecutáramos cada uno de nuestros deseos, las fantasías se volverían realidad, y si la realidad te pegara, regresaríamos al inicio de este libro: la baja autoestima, la autodestrucción y el remordimiento. Hay que realizar actos de amor o de pasión si estamos convencidas de que eso que estamos haciendo es lo que queremos hacer, con la persona con la que queremos hacerlo, y fantasear y soñar para sentirnos vivas si optamos por no hacerlo.

XI. Una mujer ejemplar

Hemos enlistado en capítulos anteriores los requisitos que la sociedad moderna exige e impone para que una mujer sea el prototipo de belleza y objeto de deseo de los demás. Y ahora recuerdo el grandioso dicho: la belleza radica en los ojos de quien la mira. Tengo una amiga ejemplar. Posee un gran corazón, se preocupa por los demás, es simpática, social, inteligente, culta y muy trabajadora. Sin embargo, padece una enfermedad nerviosa que se llama vitíligo. Los síntomas de ésta se presentan cuando ciertas áreas de la piel pierden su pigmentación y, por ende, pierden por completo su color natural. Las zonas afectadas se tornan en manchas completamente blancas. Magda lo padece en el rostro, en las manos y en los codos.

Una noche, luego de varias semanas de trabajo intenso, fuimos a un bar a celebrar el exitoso término de un proyecto con todo el equipo que hizo posible su realización. La fiesta estuvo amena y todos bebimos y bailamos para relajarnos. Recuerdo que a mí me gustaba uno de los extranjeros con los que trabajamos. Sin embargo, allí me quede sentada, observándolo a lo lejos, sin atreverme a acercármele ni a decirle hola. A Magda le gustaba otro. Ella sí se acercó a él y éste la sacó a bailar; pasaron juntos casi toda la noche. En mi mente pensé que eso era imposible, pues cómo ella, con una imperfección tan notoria en su rostro, tenía valor para acercársele a un hombre tan atractivo, y además era correspondida y yo ni siquiera me atrevía a mirar de frente al que me atraía y estaba refugiada en mi timidez.

Mi amiga me demostró que la belleza es más que una cara bonita. Magda no sólo es hermosa, también es una valiente guerrera que está segura de sí misma. Eso basta para que los hombres caigan a sus pies y las mujeres que la rodeamos la admiremos. Ella intentó convencerme, con sus actos, de que me atreviera a acercármele al chavo, pero no lo hice y me fui a dormir.

Las mujeres seguras de sí mismas, como Magda, son ejemplares. Ella se quiere y se acepta a pesar de su físico y de las cosas dolorosas que le ha traído la vida. Su enfermedad no es un impedimento. Ella toma riesgos y se arriesga a exponerse. También ha vivido rechazos, pero éstos no la han determinado ni paralizado para abrirse a los demás.

La belleza radica en los ojos de quien la mira y el concepto de lo hermoso va más allá de lo que nos muestran las campañas publicitarias. Hay que considerar que muchas de esas mujeres que nos enseñan en las revistas, diosas con cuerpos y caras perfectas, tienen defectos como nosotras, y detrás de una buena iluminación, la ropa indicada y un buen maquillaje, los fotógrafos los esconden, aunque damos por hecho que no tienen ninguno. Asimismo, la imagen glamorosa que nos proyectan de sus vidas son puros cuentos de hadas. Ellas también pasan por situaciones semejantes a las que vivimos: son seres humanos de carne y hueso que sienten, se deprimen, experimentan, gozan y sufren igual que una.

Bien dicen que la belleza física se acaba. Deseo que todas las mujeres del planeta famosas o comunes, podamos aceptar nuestras imperfecciones, y a pesar de éstas, nos sintamos plenas y seguras de nosotras mismas.

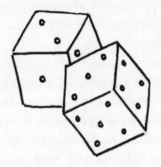

XII. Vamos a jugar

Hace tiempo, uno de mis mejores amigos y yo nos terapeamos mutuamente y filosofamos de lo superficial que a veces resulta la gente, de la falta de comunicación entre las personas y del poco valor que tenemos los seres humanos, especialmente entre hombres y mujeres, para mostrarnos vulnerables y decir las cosas que pensamos de frente, sin andar entre las ramas, tal como son y las sentimos.

De adultos, seguimos jugando de manera inconsciente en nuestra vida diaria. Tuve un galán que cuando tronamos, cada uno siguió su vida por caminos opuestos. Sin embargo, a veces nos veíamos en algún evento social y nos saludábamos torpemente, sin profundizar ni hablar de nada más que del clima y otros temas banales. A pesar de que había cosas que decirnos, ambos jugábamos a que no teníamos nada de qué hablar. Hasta la fecha el juego continúa, pero ha sido una ronda tan larga, que a mí ya me aburrió y concluyo que ya no tengo nada que decirle. Una debe saber cuándo retirarse de la ronda. A veces gana la casa, otras, el jugador más atrevido. Todo es relativo, lo importante es divertirte mientras juegas, no importa si pierdes o ganas, y decidir en qué mano deseas arriesgarte y hasta dónde estás dispuesta a llevarla. Si estás consciente del entretenimiento que te gusta y pones tus reglas, te aligerarás la existencia y serás más feliz. Te evitarás engancharte con malos jugadores que sólo juegan compulsivamente y no se cuestionan ni se divierten.

Otro tablero en el que lanzamos los dados es en el juego de quién se atreve. Rafaela cuenta que a la semana de que se separó de François, fueron a cenar juntos con un amigo, quien les dio aventón a casa de éste, donde Rafaela dejó su coche. Éste le preguntó que cuáles eran sus planes y ella respondió que ninguno. El amigo interrumpió e invitó a Rafaela a una reunión. Mientras hablaban, ella se preguntaba dentro de sí por qué demonios François no la invitaba a pasar, y éste, a su vez, se preguntaba por qué Rafaela no quería bajarse del carro con él, en lugar de irse de fiesta con el amigo. Salió del vehículo enojadísimo y entró a su casa. Rafaela se despidió y subió a su coche. Estuvo un largo rato pensando, sin encender el motor. "¿Qué hago? Quiero estar con él… pero no me invitó a pasar… quizá… ya no quiere estar conmigo. Si entro, me expongo a que me rechace." En ese instante y de la nada, cayó una tormenta de rayos y comenzó a granizar, mientras Rafaela evaluaba la situación y le daba 20 vueltas al asunto en su cabecita. Concluyó que era mejor sacarse la espina de una buena vez y, decidida, bajó del carro con tormenta y todo, cruzó el jardín, y empapada y muerta de miedo, tocó a la puerta. François le abrió sorprendido, sonrío y se quedó perplejo. "Te admiro y te quiero porque haces lo que piensas y lo que sientes. A mí me cuesta trabajo", le dijo. Luego de unas semanas, finalmente la relación terminó. Lo valioso de esta historia es que Rafaela se atrevió a hacer lo que sentía y adquirió más seguridad a raíz de esta experiencia.

Hay mujeres y hombres más serios a los que se les da el juego reprímete. Sofía trabajó con Jean, que en secreto le gustaba mucho. Ella sentía que había algo y que también él estaba atraído por ella. Un día, él le pidió que fuera a dejarlo al aeropuerto, pero ella entró en pánico, y para evitar mostrar cualquier sentimiento o impulso, le inventó que tenía una junta de trabajo. Sofía noto que él se decepcionó mucho, pero no le dijo nada y ella tampoco se retractó. A partir de ese momento, Jean jamás volvió a buscarla ni contestó sus *e-mails*. Ahora ella se atormenta con la duda de qué hubiera pasado si lo llevaba al aeropuerto aquella tarde y Jean se pregunta qué hubiera sucedido si le hubiese dicho lo que sentía.

Yo digo que es hora de agarrar el toro por los cuernos. Basta de reprimirnos, de complicarnos y de limitarnos, de no hablar lo que pensamos. Basta de decir "te llamo mañana" cuando no tienes la intención de hacerlo, y de decir sí cuando quieres decir no y viceversa. Basta de callarte y dejar de hacer las cosas que quieres hacer. Basta de que el miedo se apodere de ti y te cierre posibilidades y experiencias. Hay que sincerarnos y comunicar lo que sentimos a los otros. Hay que aprovechar las oportunidades que se nos presentan y atrevernos. Hay que admitir: "Tú también me gustas y te quiero conocer". O "Me heriste." Hay que exponerse para poder ganar. Hay que saber cortar las alas también, con claridad y con respeto: "No me gustas, no deseo estar contigo, no siento nada por ti". O "No me interesa trabajar contigo." Dejemos de enredarnos, de silenciarnos o de decir cosas que no pensamos con tal de no lastimar. Si optas por expresarte, te sentirás mejor. Sea cual sea la reacción del otro, te quedarás tranquila y no pensarás en qué hubiera pasado si tan sólo... Las mujeres que se atreven, que son auténticas, que se apropian de sí mismas, que imprimen en otros su sello personal, me inspiran. Bien por estas guerreras valientes, que siguen su corazonada y su impulso de vida es más fuerte que el temor a ser rechazadas o al fracaso.

Recientemente vi la película *Antes de partir*, la historia de dos hombres mayores que cuando se enteran de que les queda poco tiempo de vida, se animan a hacer todas las cosas que soñaron y que nunca se atrevieron a hacer de jóvenes. La anécdota me parece un buen punto de reflexión. Sin embargo, a diferencia de estos personajes, yo no quiero esperar a mi vejez para viajar, o para conocer el mundo, o para atreverme a hacer cosas y cambiar las situaciones de mi vida que me disgustan. Siento que no hay mejor momento que ahora para hacerlo. Siento que es hoy cuando debo arriesgarme a ser genuina y espontánea, y seguir mi intuición. Soy de la opinión de que si tienes algo que decirle a alguien, hay que hacerlo, aunque la otra persona salga corriendo. Hazle saber que lo quieres o que admiras ciertas cualidades de él o de ella. Dile a alguien que te sofoca o te enoja, o que debes partir. ¡Hazlo! No te vas a arrepentir. Ahora es el mejor momento para decir lo que estás pensando sin esperar obtener una respuesta. Vete a un safari o cambia tu profesión. Estarás contenta de haber hecho y dicho lo que pensabas. Ahora o nunca. Después de todo, el hubiera no existe… El tiempo jamás regresa. Es mejor hacer y meter la pata, que arrepentirte de lo que nunca hiciste, dicen los sabios maestros.

XIII. Un poco de filosofía

A mí me gusta creer que la vida es mágica: aunque luchamos y actuamos para que suceda, misteriosamente nos pone en el lugar donde debemos estar en determinado momento y nos manda a personas que tienen que estar cerca de nosotras por alguna razón específica. Esta magia es una fuerza oculta que nos ayuda y se hace presente a lo largo de nuestra vida, la percibamos o no.

En la historia de *El señor de los anillos*, las acciones y los personajes ficticios y mitológicos que aparecen pueden adaptarse a nuestra realidad moderna. En nuestra vida real, también lidiamos con la tentación de apropiarnos del anillo. Enfrentamos a monstruos, dragones, caballeros oscuros, brujos envidiosos y negativos; visitamos cuevas, pasamos por periodos de mucha tristeza y a veces recibimos ayuda de magos, hadas, guerreros y luciérnagas que nos alumbran mientras visitamos los rincones más inescrutables del alma. Los cuentos de hadas y los príncipes azules no existen, pero estos personajes son arquetípicos y nos remiten a ideas y conceptos universales. Somos nosotras quienes los desvirtuamos y no sabemos filtrar lo que entre líneas nos quieren comunicar.

A lo largo de tu vida hay personajes que interpretan un papel pequeño en una secuencia de tu historia y nunca más reaparecen. Otros están presentes en una determinada etapa o permanecen a tu lado durante varios capítulos. También hay quienes aparecen a lo largo de todo el cuento. Al paso de los años, te darás cuenta y concluirás qué bueno que cierta persona estuvo contigo en determinada situación o que gozaste mucho de compartir cierta experiencia con aquel que ya no está físicamente, pero que lo recuerdas con cariño. Luego pasa también que hay reencuentros increíbles con gente que hace mucho tiempo no veías.

Suceden cosas que nos aplastan y nos hacen sentir mal en determinado momento. Luego que pasa el tiempo, entendemos que era necesario vivirlas y gracias a que pasó tal o cual situación, llegamos a otro lugar y etapa de nuestra vida. Resulta que a la larga, lo que pensábamos que era terrible resultó ser algo positivo, a pesar de que en ese instante no lo percibimos así.

Si te fijas con atención en tu vida diaria, una de estas cosas inexplicables es el *timing*. Todos los días estamos expuestas a él. ¿Qué pasa si hubiese llegado cinco minutos antes? Quizá no te hubieras topado con esa persona que deseabas ver. ¿Por qué escucho hablar del mismo tema una y otra vez cuando más interés tengo por él? ¿Por qué luego de cinco años de tener un libro, lo empiezo a leer hoy? Quizá si lo hubieras leído antes, no lo hubieras disfrutado ni entendido como lo hiciste hoy. Puede ser que hables a una empresa buscando un empleo y el ejecutivo te diga: "Hace una semana había una plaza para la cual hubieras sido perfecta". Te lamentas y luego resulta que a las tres semanas te ofrecen el puesto que deseabas desde hacía varios meses. O te topas con un amor platónico de la infancia que resulta que también estaba enamorado de ti y por fin se atreven a vivir una relación amorosa.

Si analizas detenidamente tu vida notarás que muchas veces las problemáticas de las que te escondes y dejas irresueltas se te siguen presentando, en otro contexto, con otro escenario, en circunstancias diferentes, con distintos personajes, pero con la misma temática de fondo. Estas situaciones no están puestas ni dejadas al azar. Reaparecen una y otra vez como oportunidades para trabajar en ellas y resolverlas. Hay hechos que acontecen que no podemos explicar a ciencia cierta, pero que de manera sutil se manifiestan para tocarnos el alma. Está en ti abrir los ojos y percatarte de que pasan para poder aprovecharlas y aprender de ellas.

Reza el dicho que en la vida no hay coincidencias, y que cuando estás lista, aparece el maestro. Las cosas que se suscitan siempre pasan por algo, nos enseñan de nosotras y se cierran puertas, mientras que otras se abren donde menos te lo esperas. Sólo hay que estar bien despiertas para tomar la oportunidad y fluir con los regalos y aprendizajes que nos proporciona la vida.

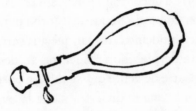

Este cuento se ha acabado...

Una amiga entrañable nos preguntó que por qué escribimos un libro como éste sin ser doctoras ni especialistas en el tema de las relaciones ni las problemáticas de la mujer. La respuesta es sencilla: compartir la realidad por la que atravesamos y nuestra experiencia singular con el deseo de que te sientas acompañada. Más que consejos, todo lo que hemos escrito aquí nos lo decimos a nosotras mismas todos los días. Son cosas que pensamos, que creemos y que hemos llegado a concluir. Hemos sufrido pérdidas y pasado por momentos confusos y dolorosos. También reímos mucho y encontramos el gusto de vivir.

Ambas somos muy distintas y hemos procesado nuestras experiencias con singularidad y diferente filtro. No pretendemos darte una poción mágica que alivie tu problemática, pero sí deseamos que algunas ideas expuestas aquí te sirvan de reflexión y puedan motivarte a encontrar las herramientas adecuadas para cambiar y romper con todo lo que te estorba para sentirte feliz.

Por experiencia podemos afirmar que atreverte a hacer lo que te gusta, mudarte de piel, llorar mientras te despojas de viejas estructuras y rodearte de gente que te influya positivamente, que te caiga bien, con la que te diviertes y con la que te identificas, tiene mucho que ver en tu felicidad y es un requisito indispensable para sentirte bien y vivir en paz. Cambiar y crecer nos ha dolido, pero es la única manera en la que hemos podido transformarnos y cambiar de raíz.

Si no disfrutas tu trabajo, renuncia y búscate uno que te divierta. Si deseas vivir en otra ciudad, múdate y atrévete a empezar en un lugar desconocido. Si te desgasta estar con ciertas personas, pon una distancia con ellos y busca nuevos amigos. Si no estás satisfecha con tu galán, rompe con él y disfruta tu soltería. Aduéñate de tu existencia como mujer. Haz cosas que te prendan y te hagan sonreír. Rodéate de gente que te inspire y te ayude a crecer. Emprende, conoce, explora, equivócate y arriésgate. Atrévete a cristalizar tus sueños. Come las cosas que te gustan, vístete como te agrade y respétate a ti y a los demás.

La vida funciona como un sube y baja. Algunas veces estamos arriba y otras abajo. Todo lo que sube tiene que bajar y nada es permanente ni para siempre. A veces no entendemos bien a bien lo que nos pasa o lo que sentimos y puede transcurrir mucho tiempo sin que nos demos cuenta. Y un buen día, de la nada, conocemos a una persona maravillosa que nos enseña mucho de nosotras mismas y nos obliga a cambiar y mejorar; o tocamos un fondo negro que nos hace abrir los ojos; o leemos un libro que nos pone a pensar. De pronto vivimos una experiencia que nos cambia para siempre. Es en estos momentos que más felices nos podemos sentir.

Todas las mujeres, solteras, casadas, viudas o divorciadas, tenemos los mismos temores y dudas, aunque los escenarios, las historias y los actores varíen. A veces eres el hada madrina o la princesa Amanecer y otras la bruja mala del cuento. Sea cual sea el papel que interpretes en la secuencia 38 B de tu película, conócete a fondo y no te olvides de tus anhelos ni de regarte ni de procurarte.

Nunca es tarde para cambiar. Nunca estás demasiado vieja para realizar tus sueños. Tu vida es ahora. Identifica lo que quieres y poco a poco harás que suceda. Sé necia y aférrate, no desistas ni tires la toalla aunque al principio te cueste trabajo realizarlo. No seas una estadística más ni una mala copia de otra mujer. No veas a través de los ojos de otros ni vivas de las experiencias ni de las opiniones de los demás. Forma tu propio criterio y pavimenta tu carretera. Diviértete contigo misma y ríete de ti. Deja tu huella en el alma de los otros.

Respecto al enigma de lo que significan nuestras relaciones con los hombres, concluimos que es mejor no interpretar por qué no nos llaman al día siguiente, o por qué quedan en confirmar su asistencia a la cena que les vamos a preparar y nunca se aparecen. Ya nos desgastamos lo suficiente por tratar de entender los mensajes mixtos de estos príncipes azules. Más bien, hay que disfrutar la vida y vivir el presente, seguir abriéndonos con quien nos dé buena espina, interactuar con otros, ser felices y lo menos conflictivas posibles, para cuando nos tropecemos con un momento lindo o una persona que valga la pena, estemos listas y liberadas de cualquier inquietud o exceso de equipaje y le demos el *welcome* con los brazos abiertos a lo que venga.

Un colega muy guapo nos reiteró: "Si no les llama, o si no son su centro, denle *delete*". Esto es lo que optamos por hacer para encontrarnos a nosotras mismas, acompañadas de otras mujeres solteras y grandes amigos, que nos inspiran y nos empujan a adueñarnos de nuestra propia fortaleza, y seguir adelante, aun cuando nos pasen cosas terribles en el camino. Como le dijimos a un cinematógrafo con quien trabajamos hace unos meses: "Carpe Diem: la vida es demasiado corta para vivir angustiada o enredada sobre qué piensa éste o aquél. No me arrepiento y me expreso".

Deseamos que en 30 años voltees y te digas a ti misma que te gustó lo que has hecho con tu vida, que no cambiarías nada, que viviste como lo soñaste. Que creciste y aprendiste, y que nunca te conformaste. Tenemos muchas oportunidades más y posibilidades de las que jamás tuvieron nuestros padres. Hay que aprovecharlas. La vida es ahora, ¡no sucedió ayer! Tú decides qué hacer en este presente. La gente viene, la gente va, te enamoras y te desenamoras, pero al final... tú estás allí siempre. Sólo tú.

El (estúpido) príncipe azul, de Flor Aguilera y Alejandra Rodríguez
se terminó de imprimir en agosto del 2008 en
Litográfica Ingramex, S.A. de C.V.
Centeno 162-1, Col. Granjas Esmeralda,
México, D.F.